Le MEDITAZIONI
di Marco Aurelio

Una nuova prospettiva

Samuel Cartaxo

■■■

Elenco dei collaboratori: Marco Aurelio, George Long, G. S. Neri

Le MEDITAZIONI: Una Nuova Prospettiva

Parte di questo testo si basa sulle opere meravigliosamente accurate di George Long (1862) e John Jackson (1906), entrambe di pubblico dominio; tuttavia, è stato completamente riscritto e ampliato con un linguaggio e uno stile contemporanei.

Traduzione: G. S. Neri

Edizione/Versione: 2/24 [Riveduta 16 aprile 2024]

1. Etica.   2. Stoici.   3. La vita.

■ AΩ ■

Esclusione di responsabilità: le informazioni contenute in questo documento hanno uno scopo esclusivamente educativo e di intrattenimento. È stato fatto ogni sforzo per presentare informazioni accurate, aggiornate, affidabili e complete. Non viene espressa o implicita alcuna garanzia di alcun tipo. I lettori riconoscono che l'autore non è impegnato a fornire consigli legali, finanziari, medici o professionali. I contenuti di questo libro sono stati ricercati da varie fonti. Si prega di consultare un medico abilitato prima di tentare una qualsiasi delle tecniche descritte in questo libro. Leggendo questo documento, il lettore accetta che in nessun caso l'autore potrà essere ritenuto responsabile di eventuali perdite, dirette o indirette, subite in seguito all'uso delle informazioni contenute in questo documento, compresi, ma non solo, errori, omissioni o imprecisioni. Vi ringraziamo per la vostra comprensione.

Espandete i vostri orizzonti letterari e regalate la gioia della lettura: Scoprite un mondo di libri accattivanti che ispirano, educano e divertono!

https://www.legendaryeditions.art/

DEDICA

Questo libro è dedicato con tutto l'affetto e la gratitudine alla mia amata madre Judith Cartaxo, che quest'anno è andata a stare con Dio, molto prima di quanto ci aspettassimo. Mi manchi tanto, mamma. Ti voglio bene.

CONTENUTI

PRESENTAZIONE

Questo libro è un viaggio accattivante e trasformativo attraverso gli insegnamenti dello stoicismo. Attingendo alla saggezza senza tempo delle Meditazioni dell'imperatore Marco Aurelio, offre una rappresentazione rinvigorente e pertinente di questa antica filosofia.

Svelate i misteri di una vita libera da problemi e ansie e scoprite la forza d'animo per affrontare qualsiasi situazione con equilibrio e solidità. Imparate a controllare i vostri pensieri e sentimenti, a creare una sensazione di serenità interiore e a vivere una vita reale, sostanziale e gratificante.

Siete invitati a conoscere "Una nuova prospettiva": scoprite le profonde intuizioni del grande Marco Aurelio in un modo che porta la sua vasta conoscenza della vita nella vostra vita. La maggior parte delle edizioni delle "Meditazioni" si limita a disporre ogni pensiero o meditazione in un singolo paragrafo, prestando poca attenzione all'importanza della struttura. Eppure, ci sono alcune meditazioni che sono così lunghe e dettagliate da meritare un intero volume dedicato esclusivamente alla loro discussione. Purtroppo, nel corso degli anni sono diventati comuni i paragrafi sparsi e privi di titoli chiari. Questa edizione cambia le cose, presentando le meditazioni con titoli chiari e concisi che ne anticipano i temi e i messaggi, ognuno dei quali è presentato con un linguaggio diretto che permette al lettore di immergersi subito nel testo. Scoprite la profondità e la densità delle "Meditazioni" sotto una nuova luce.

Composto in un linguaggio chiaro e snello, ma cercando di emulare alcune delle "sensazioni" della narrazione del grande Marco Aurelio, questo libro fornisce un percorso ben definito per una vita superiore ed è il compagno ideale per chiunque desideri una visione più approfondita della filosofia stoica. Se state cercando di migliorare le vostre interazioni, coltivare la resistenza o semplicemente trovare più soddisfazione e gioia, questo libro ha qualcosa per voi. Come aiuto per raccogliere ulteriori informazioni, alla fine del libro è presente un glossario completo di termini e un indice mostruoso di circa 2.000 parole.

Quindi, se siete desiderosi di intraprendere un viaggio verso una vita di maggior valore e intenzione, procuratevi subito la vostra copia! Con potenti rivelazioni e consigli pratici, questo libro è il vostro passaggio verso una vita più gratificante e soddisfacente. Buon divertimento!

PREFAZIONE

Questa edizione è nata come pura curiosità, è diventata un esperimento e poi si è trasformata in una meravigliosa avventura. Non è rivolta a filosofi esperti o a storici eruditi della vita e dell'opera di Marco Aurelio; è un'edizione fatta per voi, proprio come me, un lettore comune, desideroso di imparare, curioso e meravigliato dal fatto che insegnamenti come quelli riportati in questo libro possano attraversare secoli e ancora secoli, eppure, essere ancora di immensa rilevanza per la nostra vita di oggi.

Perché "Una nuova prospettiva"? Mi spiego. La prima volta che ho affrontato un libro di Meditazioni di Marco, ho subito percepito che l'inestimabile conoscenza della vita registrata dal grande Marco Aurelio è stata sottovalutata per quanto riguarda la struttura abituale concessa al suo testo. In genere, le edizioni presentano i suoi libri divisi in capitoli, con ogni annotazione di Marco (o meditazione, se preferite) dedicata a un semplice paragrafo. Ho notato anche che alcune meditazioni sono piuttosto estese e dettagliate, tanto da meritare un volume dedicato alla loro trattazione, data la loro densità e profondità sapienziale. Nonostante ciò, i paragrafi sciolti, senza nemmeno un titolo che li riguardi, sono diventati comuni nella letteratura nel corso dei secoli. La discussione di queste meditazioni dell'Imperatore più rilevanti non è stata affrontata in questa edizione; tuttavia, accanto a un linguaggio più fluido e aggiornato, ogni meditazione è stata corredata da una didascalia che trasmette al lettore in anticipo il suo tema e il suo messaggio. Questa disposizione migliora immensamente la lettura, in modo tale da permettere al lettore di scorrere rapidamente l'indice alla ricerca di un argomento che attiri la sua attenzione, per poi saltare direttamente alla meditazione desiderata.

Si è cercato di modernizzare il linguaggio, pur conservando una certa atmosfera dello stile antico - una presunta caratteristica dell'epoca dell'imperatore. L'idea è che il lettore, mentre scorre il testo, si immerge nel passato e immagina che Marco Aurelio stesso faccia la narrazione alle sue orecchie. Questa immersione temporale sarebbe molto ostacolata da un linguaggio completamente aggiornato, con una struttura sempre diretta, che includa termini banali o addirittura gergali, ad esempio... Per questo motivo, molti passaggi sono volutamente collocati "nella voce" del grande Imperatore, anche se questo aspetto è solo un gusto personale. Tuttavia, spero che il lettore si astragga dalla realtà concreta, anche se solo per pochi istanti, e ascolti la saggezza proclamata in quei millenni passati.

Poiché questa edizione delle "Meditazioni" è stata concepita per una maggiore accessibilità al lettore moderno, pur cercando di preservarne il messaggio e la struttura fondamentali, il risultato è una rappresentazione stimolante e attuale dello stoicismo, una delle scuole più influenti della filosofia classica. Per i più curiosi, alla fine del volume è presente un glossario completo di informazioni contestuali. Inoltre, viene offerto al lettore un indice massiccio di circa 20 pagine, che copre migliaia di parole ed espressioni citate nel testo.

A questo punto vi starete chiedendo che cos'è il cosiddetto stoicismo, giusto? Ebbene, facciamo una breve introduzione... Lo stoicismo ha avuto origine ad Atene all'inizio del III secolo a.C. e pone l'accento sull'autocontrollo e sulla resistenza nell'affrontare le avversità e nel perseguire una vita virtuosa e appagante. Gli stoici credevano che le nostre emozioni e il nostro benessere fossero in gran parte influenzati dai nostri pensieri e dalle nostre convinzioni e che avessimo il potere di regolarli. Marco Aurelio era un rinomato esponente dello stoicismo, una scuola di pensiero che enfatizza l'autodisciplina e la solidità di fronte alle difficoltà. Il suo capolavoro, le "Meditazioni", è considerato una delle più grandi opere dello stoicismo e offre una visione delle sue teorie e dei suoi modi di fare, dando indicazioni e incoraggiamenti utili per vivere una vita più gratificante e ricca di scopi. Questo libro offre uno sguardo alle sue convinzioni e alle sue pratiche, fornendo ai lettori una guida pratica e l'ispirazione per condurre una vita più significativa e appagante.

Detto questo, vi invito a intraprendere un viaggio di scoperta e trasformazione con "Le meditazioni di Marco Aurelio". Questo libro è una rappresentazione accattivante e stimolante della saggezza senza tempo dell'imperatore Marco Aurelio e dei suoi insegnamenti filosofici.

Samuel Cartaxo

INTRODUZIONE

— Un nobile imperatore con saggezza stoica e successo militare

Marco Aurelio Antonino, nato il 26 aprile 121 d.C., apparteneva a una famiglia nobile che rivendicava la propria discendenza da Numa, il secondo re di Roma. Di conseguenza, il più pio degli imperatori proveniva dalla stirpe del più religioso dei primi re. Anche se i suoi genitori morirono giovani, Marco li tenne in grande considerazione per tutta la vita.

1. Da nobile stirpe a pio imperatore: La storia di Marco Aurelio Antonino

Suo nonno, Annius Verus, aveva ricoperto posizioni di rilievo a Roma ed era stato tre volte console. Alla morte del padre, Marco fu adottato dal nonno e il loro rapporto fu molto stretto. Marco era grato per gli insegnamenti del nonno che gli infondeva dolcezza, mitezza e autocontrollo, come rivela la prima pagina del suo libro.

L'imperatore Adriano riconobbe l'ottimo carattere del giovane, che era solito chiamare Verissimus, che significa "più veritiero del suo stesso nome". Adriano promosse Marco al rango equestre a soli sei anni e lo fece diventare membro del prestigioso sacerdozio di Saliano a otto anni. La zia di Marco, Annia Galeria Faustina, era sposata con Antonino Pio, che in seguito divenne imperatore. Poiché

Antonino non aveva figli, adottò Marco, lo ribattezzò e lo promise in sposa alla figlia Faustina.

Marco ricevette un'educazione eccellente sotto la guida dei migliori maestri, che gli insegnarono la rigorosa dottrina della filosofia stoica, che egli ammirava molto. Fu anche educato a vestire in modo semplice, a evitare i lussi e a vivere con semplicità. Inoltre, le attività all'aria aperta come la lotta, la caccia e i giochi lo aiutarono a sviluppare la forza fisica, nonostante la sua debole costituzione. Dimostrò un immenso coraggio personale nell'affrontare anche i cinghiali più feroci. Sebbene il fanatismo dominasse le fazioni di Roma nel Circo, dove i carri da corsa adottavano quattro colori, rosso, blu, bianco o verde, Marco si astenne dal partecipare alla corsa o ai tumulti e alla corruzione che la accompagnavano.

2.   L'ascesa di Marco: Da console a onorata figura imperiale

Nel 140, Marco fu nominato console. Nel 145 si unì in matrimonio con la sua promessa sposa, Faustina, e presto accolse una figlia nella loro famiglia. Due anni dopo fu insignito del tribunato e di altre onorificenze imperiali.

3.   Imperatori in guerra: le brutali campagne di Marco Aurelio e Lucio Vero

Dopo la morte di Antonino Pio nel 161, Marco assunse la carica di imperatore e nominò subito L. Ceionius Commodus come suo collega. Antonino aveva adottato Commodo, dandogli il nome di Lucio Aurelio Vero. Da quel momento in poi, i due condivisero la responsabilità di governare, con Verus che fu preparato come successore di Marco.

Marco non ebbe molto tempo per ambientarsi nel suo nuovo ruolo prima che scoppiasse un conflitto in diversi luoghi. Il re della Partia, Vologes III, guidò una prolungata ribellione e distrusse un'intera legione romana mentre invadeva la Siria nel 162. Verus fu inviato a gestire la situazione, ma invece di adempiere alle sue responsabilità, si abbandonò a un consumo eccessivo di alcol e a un comportamento immorale. Di conseguenza, gli ufficiali dovettero gestire la guerra senza di lui.

Poco dopo, Marco dovette affrontare la minaccia più significativa rappresentata da una potente coalizione di tribù sulla frontiera settentrionale. I Marcomanni, i Quadi, i Sarmati, i Catti e gli Jazyges erano tra i più importanti e la situazione fu aggravata da pestilenze e carestie a Roma. L'afflusso delle legioni di Verus dall'Oriente causò un'epidemia di malattie, mentre le inondazioni distrussero le scorte di grano. Nonostante fosse costretto a vendere i gioielli imperiali per raccogliere fondi, Marco non riuscì a contenere la carestia. Fu necessario che entrambi gli imperatori prendessero le armi per intraprendere una lotta prolungata che sarebbe durata per tutto il regno di Marco.

Queste campagne furono brutali e intense e Verus morì nel 169. Anche se non abbiamo informazioni dettagliate sui combattimenti, sappiamo che alla fine i Romani furono vittoriosi. Sotto la direzione di Marco, le tribù barbariche furono schiacciate e l'impero fu reso più sicuro. Il merito del successo di queste campagne non va attribuito solo all'abilità militare di Marco, ma anche al suo acuto giudizio nel selezionare luogotenenti capaci, come Pertinax.

In questo periodo furono combattute numerose battaglie significative. La battaglia della Legione Tonante contro i Quadi nel 174 è particolarmente nota per la leggenda ad essa associata. All'inizio sembrava che il nemico fosse in vantaggio; tuttavia, un'improvvisa tempesta di tuoni e pioggia colpì i barbari con terrore, che si diedero alla fuga. La legione, composta da molti cristiani, credette che le loro preghiere fossero state esaudite e che la tempesta fosse stata mandata in loro aiuto. Il nome della Legione Tonante è associato a questa storia, ma non è certo che sia vera. Tuttavia, una delle scene scolpite sulla Colonna Antonina a Roma, che commemora queste guerre, documenta l'intervento della tempesta.

4. La rivolta imprevista: Il viaggio di Marcus per affrontare un comandante infido

L'assestamento dopo i recenti problemi avrebbe potuto essere più soddisfacente se non fosse stato per un'imprevista rivolta in Oriente. Avidius Cassius, un abile comandante che si era guadagnato fama nelle guerre partiche, governava allora le province orientali. Per ragioni sconosciute, aveva elaborato un piano per dichiararsi imperatore subito dopo la morte del malato Marco. Ricevute informazioni errate sulla morte di Marco, Cassio mise in atto il suo piano. Marco, venuto a conoscenza di ciò, si affrettò a mediare la pace e tornò a casa per affrontare il nuovo pericolo. Il suo più grande dolore era quello di doversi impegnare negli orrori della guerra civile. Pur riconoscendo le capacità di Cassio, Marco sperava sinceramente che Cassio non si facesse del male prima di ricevere il perdono. Ma prima che Marco potesse arrivare in Oriente, arrivò la notizia che era vivo. I sostenitori di Cassio lo abbandonarono e fu assassinato. Marco si recò in Oriente, dove gli assassini gli presentarono la testa di Cassio. L'imperatore rifiutò con rabbia il grottesco dono e si rifiutò di ricevere in sua presenza i responsabili dell'assassinio.

5. Trionfo e tragedia: Il percorso di vita di un guerriero vittorioso

Durante il viaggio, la moglie Faustina morì. Al suo arrivo, l'imperatore celebrò un trionfo nel 176. Poco dopo, tornò in Germania per riprendere le sue responsabilità belliche. I suoi sforzi militari furono accolti da una vittoria totale. Tuttavia, le lotte dei suoi ultimi anni di vita si ripercuotono sulla sua già fragile salute. Si spense il 17 marzo 180, in Pannonia.

6. La tragica eredità familiare di un grande imperatore: Trionfi, tragedie e tradimenti

Il grande imperatore, nonostante il successo, affrontò molte prove personali. Faustina, sua moglie, diede alla luce diversi figli, che lui amava profondamente. I loro volti angelici sono immortalati nelle sculture di innumerevoli gallerie ed evocano gli stessi tratti tranquilli del padre. Sfortunatamente, ognuno di loro morì, lasciando solo uno della sua progenie, il debole e spregevole Commodo, a ereditare il trono. Alla morte del padre, Commodo firmò frettolosamente e stupidamente un trattato che annullò anni di campagne di successo. Il suo regno tirannico, durato dodici anni, fu caratterizzato dalla brutalità e dalla sete di sangue. Il nome di Faustina è stato macchiato da scandali che l'hanno accusata di infedeltà e di aver tramato con Cassio una ribellione che alla fine gli è costata la vita. Tuttavia, queste accuse mancano di prove solide; inoltre, l'imperatore l'amava molto e non ha mai messo in dubbio la sua lealtà.

7. Marcus: il soldato capace e l'amministratore prudente con un'eredità controversa

Marco fu un soldato capace e di successo e un amministratore prudente e coscienzioso. Non cercò di rimodellare il mondo secondo le sue convinzioni filosofiche, ma seguì piuttosto il percorso collaudato dei suoi predecessori. Il suo obiettivo principale era fare bene il suo dovere e prevenire la corruzione. Tuttavia, prese alcune decisioni poco sagge, come la creazione di un co-imperatore con Verus, che alla fine portò alla divisione dell'Impero romano. Inoltre, centralizzò troppo l'amministrazione civile.

Il più grande successo di Marco fu nell'amministrazione della giustizia. Emanò leggi che proteggevano i deboli e gli schiavi, agì come padre surrogato per gli orfani, istituì fondazioni caritatevoli per i bambini poveri, protesse le province dall'oppressione e fornì aiuto alle città o alle regioni in crisi.

Tuttavia, la sua reputazione è macchiata dal trattamento riservato ai cristiani. Durante il suo regno, molti cristiani vennero perseguitati ed egli non prese provvedimenti per garantire loro un giusto processo. Anche se non conosceva la portata delle atrocità commesse in suo nome, mancò comunque al suo dovere di proteggere tutti i cittadini sotto il suo governo. Traiano, suo predecessore, gestì meglio la situazione.

8. La morale a Roma: La ricerca della virtù attraverso lo stoicismo

Un individuo perspicace avrebbe trovato poco conforto nelle credenze religiose sostenute da Roma. I semidei e i loro racconti erano spesso insensati o fantastici e i loro insegnamenti sfioravano appena il tema della moralità. In sostanza, la religione romana era uno scambio: le persone offrivano rituali e offerte specifiche e in cambio gli dei esaudivano i loro desideri, indipendentemente dal fatto che le loro azioni fossero giuste o sbagliate. Di conseguenza, tutti gli individui devoti erano costretti a rivolgersi alla filosofia, come era avvenuto anche in Grecia, sebbene in misura minore.

Sotto il primo impero, due scuole filosofiche in competizione tra loro dominavano la scena: Lo stoicismo e l'epicureismo. Sebbene entrambe le scuole promuovessero apparentemente ideali simili - in particolare gli stoici cercavano di raggiungere l'ἀπάθεια, ovvero la soppressione delle emozioni, mentre gli epicurei miravano all'ἀταραξία, ovvero alla libertà dai disturbi - i risultati si rivelarono molto diversi. Oggi, l'uno è equiparato alla perseveranza ostinata, mentre l'altro implica un'indulgenza sfrenata. Anche se a questo punto non ci addentreremo nell'epicureismo, sarebbe utile fornire una panoramica della storia e delle credenze dello stoicismo.

9. Il luogo di nascita dello stoicismo: Esplorare la vita e l'eredità di Zenone a Cipro

Zenone, il fondatore dello stoicismo, nacque a Cipro nel periodo compreso tra il 350 e il 250 a.C. In quanto crocevia culturale tra Oriente e Occidente, Cipro potrebbe aver esposto Zenone alle influenze orientali, ma una presunta ascendenza fenicia non ha alcun significato, dal momento che i fenici non erano noti per i loro sforzi filosofici. L'educazione di Zenone sotto il cinico Crates fu integrata dall'esplorazione di altri sistemi filosofici. Combinando le sue ricerche con le intuizioni personali, fondò in seguito una propria scuola ad Atene, nota come Portico Dipinto o Stoa, da cui gli Stoici trassero il loro nome. Crisippo (280-207 a.C.) fu la seconda figura più significativa nella formazione della Scuola del Portico dopo Zenone. Sistematizzò lo stoicismo ed è noto per i suoi contributi alla scuola.

10. Svelare la virtù stoica: comprendere i tre rami della filosofia

Gli stoici consideravano la speculazione come un fine, che consisteva nel vivere in modo coerente, noto anche come vivere in conformità con la natura. La conformità alla natura era il concetto stoico di virtù. Tuttavia, questa idea potrebbe essere facilmente fraintesa nel senso che seguire gli impulsi naturali equivale alla virtù, il che è ben lontano dalla verità della filosofia stoica. Per vivere in accordo con la natura, è importante capire cosa sia veramente la natura. Per questo motivo, la filosofia si divide in tre rami: La Fisica, che analizza l'universo e le sue leggi, il governo divino e la teleologia; la Logica, che affina la mente per distinguere tra verità e falsità; e l'Etica, che mette in pratica queste conoscenze.

11. Il materialismo incontra il panteismo: Scoprire il potere spirituale della scuola di pensiero stoica

La scuola di pensiero stoica abbracciava una filosofia del materialismo con un tocco di panteismo. A differenza di Platone, che credeva che solo le Idee o i Prototipi dei fenomeni avessero una vera esistenza, gli Stoici sostenevano che gli oggetti fisici fossero le uniche entità esistenti. Tuttavia, riconoscevano un potere spirituale profondamente radicato nell'universo fisico che si esprimeva attraverso varie forme come il fuoco, l'etere, lo spirito, l'anima, la ragione sana e il principio direttivo.

12. La via stoica all'unità con il divino: Virtù e Provvidenza nell'Universo

L'universo è Dio e gli dei popolari sono semplici manifestazioni. Le leggende e i miti sono di natura allegorica. L'anima umana è un'emanazione della divinità e alla fine sarà riassorbita in essa. Il principio divino che governa assicura che tutto lavori insieme per il bene dell'intero. Per gli esseri umani, il bene più alto è lavorare consapevolmente con Dio per il bene comune, e questo è ciò che gli stoici aspiravano a fare vivendo in armonia con la natura. Solo la virtù permette agli individui di raggiungere questo obiettivo. Così come la Provvidenza governa l'universo, la virtù deve governare l'anima dell'uomo.

13. Liberare il potere del sistema stoico: Scoprire il criterio e la virtù della vita

Il sistema stoico è noto per il suo approccio unico alla prova della verità, ovvero il criterio. Essi paragonano l'anima del neonato a un foglio bianco che aspetta di essere scritto. I sensi lasciano le loro impressioni, o φαντασίαι, che alla fine portano l'anima a formare inconsciamente nozioni generali o κοιναὶ ἔννοιαι, chiamate anche anticipazioni o προλήψεις. Quando un'impressione è troppo forte per resistervi, si parla di καταληπτικὴ φαντασία, ovvero di "percezione di tenuta", che nasce dalla verità. Lo stoico metteva alla prova le idee o le inferenze prodotte artificialmente attraverso questa percezione di tenuta. Per quanto riguarda l'applicazione etica, il bene supremo era considerato la virtù della vita. Per gli Stoici, la felicità è raggiungibile solo attraverso la virtù, mentre il vizio porta solo all'infelicità. Essi sostenevano che non esistono gradazioni tra virtù e vizio e che le cose esterne, come la salute, la malattia, la ricchezza, la povertà, il piacere e il dolore, sono ἀδιάφορα, o indifferenti, e si limitano a fornire un contesto per l'azione della virtù. Il saggio ideale è αὐταρκής, autosufficiente, e con questa consapevolezza è soddisfatto anche quando soffre. Sebbene nessuno pretendesse di essere questo Saggio, lo consideravano un ideale verso cui tendere, proprio come i cristiani si sforzano di diventare simili a Cristo. In seguito, gli stoici suddivisero le cose indifferenti in ciò che è preferibile (προηγμένα) e ciò che è indesiderabile (ἀποπροηγμένα). Ritenevano inoltre che alcune azioni fossero appropriate (καθήκοντα) per coloro che non avevano ancora ottenuto la perfetta saggezza, occupando un posto intermedio come le cose indifferenti.

14. La filosofia stoica: Abbracciare l'autocontrollo e l'unità globale

La filosofia stoica vanta due aspetti degni di nota, che richiedono un'adeguata attenzione. In primo luogo, distingue meticolosamente tra elementi che rientrano e non rientrano nel nostro controllo. La volontà umana controlla emozioni come il desiderio, l'antipatia, l'opinione e l'affetto. Al contrario, beni come la salute, la ricchezza o lo status rimangono fuori dal nostro controllo. Lo stoicismo rafforza l'autocontrollo sulle emozioni e sulle opinioni e l'allineamento dell'intero essere sotto la guida della volontà, come la Provvidenza divina governa l'universo. Questo concetto riflette la virtù greca della moderazione (σωφροσύνη) e risuona ugualmente nell'etica cristiana.

In secondo luogo, lo stoicismo sottolinea l'unità dell'universo e la responsabilità dell'individuo come parte di un enorme insieme. Il mondo antico riconosceva lo spirito pubblico come una nobile virtù politica che trova un'estensione nel cosmopolitismo. In particolare, anche i saggi cristiani hanno ribadito questo concetto, enfatizzando la fratellanza globale, in cui le differenze, come greco o ebraico, legato o libero, non dividono, e i credenti vivono come compagni di lavoro con Dio.

15. La filosofia religiosa delle meditazioni di Marco Aurelio: Una forza delicata e motivazionale in mezzo allo stress della vita di alto profilo

Il sistema che sta alla base delle Meditazioni di Marco Aurelio è essenziale per comprendere il messaggio del libro, ma il nostro interesse principale è altrove. Non ci rivolgiamo a Marco Aurelio per una lezione completa sullo stoicismo. Non mira a stabilire una dottrina per i suoi studenti, come farebbe il direttore di una scuola. Marco Aurelio non prevede nemmeno che altri leggano ciò che scrive. La sua filosofia nasce invece da un profondo sentimento religioso, piuttosto che da una fervente indagine intellettuale. Diversamente dalla rigidità di Zenone o di Crisippo, le sue convinzioni sono più miti e flessibili grazie alla sua riverenza, tolleranza, onestà e dolcezza. Ciò gli permette di trasformare la cupa rassegnazione tipica di un saggio stoico in una forza motivazionale. Il suo libro racconta i suoi pensieri più intimi e serve a liberarli. Contiene anche precetti morali e riflessioni che lo aiutano ad affrontare lo stress del dovere e le innumerevoli distrazioni della sua vita di alto profilo.

16. Dallo stoicismo al cristianesimo: La ricerca della pace interiore e del miglioramento di sé

Il confronto tra le Meditazioni e un altro libro famoso, l'Imitazione di Cristo, si rivela istruttivo. Entrambi i libri promuovono l'autocontrollo, ponendo l'accento sul superamento di se stessi e sul diventare ogni giorno più forti. Per raggiungere la pace interiore, dobbiamo imparare a resistere alle nostre passioni. L'Imitazione raccomanda l'autoesame quotidiano, al mattino o prima di dormire, per riflettere sulle nostre azioni e sui nostri pensieri.

Mentre lo stoicismo promuove una modesta fiducia in se stessi, il cristianesimo raccomanda l'umiltà, la mitezza e la fiducia nella presenza di Dio e nell'amicizia personale. Sebbene entrambe le filosofie esortino i loro seguaci a distaccarsi dai beni del mondo, il cristiano si concentra principalmente sulla rinuncia, mentre lo stoico enfatizza il dovere.

Sia gli stoici che i cristiani percepiscono l'uomo come un essere sociale che ha bisogno di costante sostegno e assistenza. I cristiani incoraggiano l'importanza dello zelo, dell'esaltazione delle emozioni e dell'evitare la tiepidezza, mentre gli stoici enfatizzano il solo adempimento dei nostri doveri al meglio delle nostre capacità.

Infine, entrambe le fedi riconoscono l'insignificanza del mondo. Mentre i cristiani vedono la vita sulla terra come misera, fugace, con pochi momenti felici, gli stoici sottolineano che questo mondo non è mai abbastanza. I giorni della vita passano bruscamente come ombre.

17. Liberare l'autenticità interiore: Esplorare l'anima di Marco Aurelio

Una differenza importante tra i due libri in esame è che l'Imitazione è rivolta agli altri, mentre le Meditazioni sono rivolte all'interno, all'autore stesso. L'Imitazione non offre alcuno sguardo sulla vita personale dell'autore, ma solo la sua adesione ai propri insegnamenti. Al contrario, le Meditazioni offrono un'esplorazione intima e franca della psiche dell'autore.

Nonostante siano appunti personali, le Meditazioni non sono autoindulgenti né predicatorie. Le confessioni possono spesso apparire come autocoscienti, con il rischio di essere santificanti o grossolane. Anche Sant'Agostino e John Bunyan, pur con tutte le loro buone intenzioni, sono noti per aver esagerato le loro malefatte. Al contrario, Marco Aurelio è sincero e senza pretese, non ha bisogno di impressionare il pubblico. Anche se non è il filosofo più profondo, la sua autenticità traspare. È un'anima pura e serena.

I vizi comuni non sembrano tentarlo; non sta lottando per liberarsi dalle catene della dipendenza. I difetti che riconosce in se stesso sono spesso piccoli difetti che la maggior parte delle persone non noterebbe nemmeno. Per servire lo spirito divino, bisogna rimanere puri dalle passioni violente e dalle emozioni negative, tra cui la vanità e l'insoddisfazione sia nei confronti dell'uomo che di Dio. Egli sottolinea anche l'importanza di una costante cortesia e rispetto: "Non importa quello che qualcuno fa o dice, sii buono con lui... Se qualcuno è scortese, mostrategli gentilezza".

Mentre gli altri possono offenderci, l'imperatore ci ricorda che è solo contro se stessi che stanno veramente offendendo. Quindi, invece dell'ira, dobbiamo offrire loro compassione. Chi ha bisogno di essere corretto deve essere trattato con cura e sensibilità, e si deve sempre essere disposti a imparare e a crescere. "Il miglior tipo di vendetta è non diventare come loro", consiglia. Ci sono numerosi esempi di perdono sparsi nel testo, il che suggerisce che questi appunti sono stati presi il più presto possibile dopo gli incidenti che illuminano. Forse li ha scritti per ricordare a se stesso i suoi principi guida e per rimanere fedele ad essi in futuro.

La storia di Avidius Cassius, che tentò di rovesciare Marco dal trono, illustra la ferma applicazione delle proprie convinzioni da parte dell'imperatore. Il male deve essere sconfitto con la bontà, poiché la natura ci ha fornito tratti virtuosi per bilanciare i nostri difetti. Per esempio, contro gli ingrati, ci sono state date la bontà e la gentilezza come antidoti.

18. Da nemici ad amici: Il cuore di uno scrittore grato

Una persona che è gentile con i suoi nemici è probabile che sia anche un amico leale. Questo è certamente vero per lo scrittore, le cui pagine sono piene di espressioni di gratitudine verso coloro che lo hanno aiutato. Nel suo Primo libro, l'autore fa un bilancio di tutti i debiti che ha nei confronti della sua famiglia e dei suoi mentori. Attribuisce al nonno il suo carattere gentile, al padre il suo senso del pudore e il suo coraggio, alla madre la sua natura religiosa e generosa. Il suo mentore Rusticus non perse tempo nel guidare lo scrittore verso una vita migliore. Apollonio gli infonde semplicità, ragione, gratitudine e amore per la vera libertà. L'elenco continua. Tutti coloro che lo scrittore incontrava sembravano lasciarlo con qualcosa di positivo, il che testimonia la bontà del suo carattere, poiché presumeva sempre il meglio degli altri.

19. Un'anima virtuosa ma dubbiosa: esame degli ideali infedeli di un pensatore filosofico

Se possedeva un cuore onesto e sincero, che incarna l'ideale cristiano, è ancora più notevole che gli mancasse la fede, che è la spina dorsale del cristianesimo. Riconosceva la possibilità dell'esistenza di Dio, affermando che se Dio esiste, allora tutto va bene, ma anche se le cose accadono per caso, si può sempre usare la propria provvidenza per navigare nella vita. Ammetteva inoltre che esiste una forza che governa l'universo, ma si vedeva come un minuscolo granello nel grande schema delle cose, senza alcuna aspettativa di felicità personale al di là di quella che un'anima pacifica può raggiungere nella vita terrena. Allo stesso modo, aspirava a un momento in cui la sua anima sarebbe stata pura e trasparente, libera dal corpo mortale che la confinava; tuttavia, si trattava di raggiungere la soddisfazione interiore e non di un'emancipazione fisica dal corpo.

Inoltre, considerava il mondo, i suoi allettamenti di ricchezza e fama, come vani e vuoti. Credeva che gli dèi avessero forse un interesse generale per lui, ma la loro preoccupazione principale era l'universo nel suo complesso. I suoi dei erano superiori alle divinità stoiche, apatiche e indifferenti alle vicende umane, ma la sua speranza personale non era molto più forte. Non parlava quasi mai del tema della morte, nonostante le sue frequenti allusioni, ma è probabile che immaginasse la sua anima fondersi con l'anima universale, dato che nulla nasce dal nulla e nulla può essere cancellato. Era risoluto, ma stanco nella sua disposizione d'animo; adempiva ai suoi doveri come un soldato doveroso, anticipando lo squillo di tromba che segnala la fine della giornata. A differenza di Socrate, che visse una vita di virtù paragonabile e accolse la morte come una porta verso la trascendenza e un'udienza con gli dèi che serviva e rispettava, gli mancava uno spirito fiducioso e pieno di vitalità.

20. Il risveglio di Marco Aurelio: Alla ricerca di un significato oltre l'assorbimento

Sebbene Marco Aurelio potesse credere che la sua anima fosse destinata ad essere assorbita e a perdere coscienza di sé, ci furono momenti in cui si rese conto di quanto quel credo fosse davvero insoddisfacente. In quei momenti, cercò qualcosa di meno vuoto e vano. Scrisse: "Hai preso la nave, hai navigato, sei arrivato a terra; esci, se in un'altra vita, anche lì troverai gli dei, che sono ovunque". Questa affermazione va oltre l'ipotesi di una teoria rivale per amor di discussione. Se le cose del mondo non sono che un sogno, ci può essere un risveglio a ciò che è veramente reale.

Parlando della morte come di un cambiamento necessario, egli riconosce che nulla di utile e redditizio può essere creato senza un cambiamento. Forse gli è venuto in mente il cambiamento di un chicco di grano che non si ravviva se non muore. La notevole capacità della natura di ricreare dalla corruzione non si limita alle sole cose fisiche. Molte delle sue idee sembrano echi lontani di San Paolo. È ironico che questo imperatore, il più cristiano degli imperatori, non abbia nulla di positivo da dire sui cristiani, definendoli invece settari "violentemente e appassionatamente tesi all'opposizione".

21. Dai riti alla rettitudine: Il percorso collaudato di Marco Aurelio per una vita consapevole

Queste meditazioni non sono profonde come la filosofia, ma Marco Aurelio era abbastanza sincero da riconoscere l'essenza delle esperienze che incontrava. Le religioni antiche si concentravano per lo più su pratiche esteriori - completare i riti necessari per placare gli dei - anche se questi riti erano talvolta banali o violavano i principi etici. Anche quando gli dei approvavano la rettitudine, erano più interessati all'azione che all'intenzione. Al contrario, Marco Aurelio sapeva che i pensieri di una persona determinano le sue azioni. "La tua mente sarà plasmata da ciò a cui pensi spesso", scrisse, dimostrando di aver compreso come i pensieri portino inevitabilmente alle azioni. Egli addestrò la sua anima ai giusti principi in modo che, al momento opportuno, sarebbe stato guidato da essi. Aspettare un'emergenza sarebbe stato troppo tardi. Ogni pagina del suo libro lo conferma.

22. La verità sulla felicità: Perché il piacere da solo non basta

Egli comprende anche la natura genuina della felicità. Si chiede: "Se la felicità si trovasse solo nel piacere, allora perché anche gli infami ladri, gli immorali, gli assassini e i tiranni provano piacere in abbondanza?". Qualcuno che ha avuto accesso a tutti i piaceri del mondo scrive: "La vera felicità sta nell'avere un cuore puro, aspirazioni nobili e azioni virtuose".

23. Il guerriero gentile: come un improbabile imperatore portò la pace a Roma

Per uno scherzo del destino, quest'uomo - che incarnava la dolcezza, la bontà e il desiderio di un'esistenza spensierata - si trovò alla guida dell'Impero romano in un periodo di grande pericolo sia dal fronte orientale che da quello occidentale. Guidò personalmente i suoi eserciti per diversi anni, anche mentre era accampato davanti ai Quadi, dove scrisse il primo libro delle sue Meditazioni, che mostrano la sua capacità di trovare conforto dentro di sé in mezzo ai suoni tumultuosi della guerra.

Nonostante il disprezzo per lo sfarzo che gli derivavano dalla sua posizione, i doveri del suo ruolo divennero il suo unico obiettivo, che portò avanti con un fermo senso del dovere. A differenza della maggior parte degli uomini, ciò che lo spingeva non era l'ambizione o i sogni di gloria; al contrario, tutto ciò che aveva di fronte era una serie di compiti gravosi e logoranti. Ciononostante, li portò a termine senza esitazioni, perché sapeva che il destino dell'impero dipendeva dalla sua capacità di farlo. Le sue battaglie potevano essere lunghe e prolungate, ma alla fine avevano successo. Da saggio statista, fu in grado di prevedere l'imminente pericolo rappresentato dalle orde barbariche del nord e prese misure preventive per proteggere Roma. Le sue decisioni diedero all'Impero romano un periodo ininterrotto di pace che durò due secoli. Se fosse riuscito a raggiungere il suo obiettivo di spingere i confini imperiali fino all'Elba, avrebbe ottenuto ancora di più. Purtroppo, la morte mise fine alle sue ambizioni.

24. La vita e la fine paradossale di Marco Aurelio: L'eredità di un guerriero pacifico

Marco Aurelio ebbe un'occasione unica per dimostrare il potere della mente, anche di fronte a circostanze avverse. Era un guerriero pacifico e un governante eccezionale che apprezzava la tranquillità e la soddisfazione nella sua vita familiare. Rimase umile, nonostante la sua destinata grandezza, e fu un padre amorevole, anche se i suoi figli morirono giovani o si rivelarono indegni. La sua vita fu piena di apparenti contraddizioni. Alla fine, trovò la sua fine davanti al nemico in un campo militare, dopo aver ottenuto tutto ciò che poteva.

LIBRO 1

— Vivere una vita all'insegna della compassione e dello scopo

Avere compassione e uno scopo. Possiamo imparare dal padre di Marcus, che ci ha ricordato l'umanità condivisa in tutte le persone. Possiamo creare relazioni significative e lavorare per la giustizia con gentilezza, producendo un impatto positivo nel nostro mondo. È essenziale trovare l'equilibrio, evitando i problemi e coltivando la pace interiore. Tenendo a mente questi principi, possiamo costruire una vita significativa e appagante, a beneficio nostro e degli altri.

1. **L'eredità di nonno Verus: Dalla buona morale al controllo delle emozioni**

Mio nonno Verus mi ha inculcato una buona morale e mi ha insegnato a controllare le mie emozioni.

2. **Il potere della modestia e della mascolinità nella costruzione della reputazione: Lezioni di mio padre**

In base alla reputazione e al ricordo di mio padre, è importante possedere sia la modestia che un carattere forte e maschile.

3. Lezioni di mia madre: Il potere della pietà, della generosità e di uno stile di vita semplice

Mia madre mi ha inculcato un forte senso di pietà e di generosità, nonché l'impegno ad astenermi non solo dalle cattive azioni, ma anche dai pensieri negativi. Inoltre, mi ha insegnato a condurre uno stile di vita semplice, molto diverso da quello stravagante dei ricchi.

4. Lezioni da casa: come l'investimento del mio bisnonno nell'istruzione ha dato i suoi frutti

Il mio bisnonno non ha frequentato le scuole pubbliche, ma ha avuto ottimi insegnanti a domicilio. Credeva nella possibilità di spendere generosamente per queste cose.

5. Le sagge lezioni del Governatore su politica, etica e comportamento nei giochi antichi

Il mio governatore mi ha insegnato a non schierarmi con il partito verde o blu ai giochi del Circo, né a sostenere le fazioni di Parmularius o Scutarius durante i combattimenti dei gladiatori. Mi ha anche inculcato i valori del duro lavoro, della frugalità, dell'autosufficienza, del farsi gli affari propri e del rifiuto di partecipare ai pettegolezzi.

6. Abbracciare la filosofia e la semplicità spartana: Imparare da Diogneto

Da Diogneto ho imparato a non sprecare il mio tempo in questioni banali, a respingere le affermazioni di ciarlatani e prestigiatori che professano di possedere il potere di esorcizzare i demoni e di compiere altre imprese soprannaturali. Mi sono astenuto dall'allevare quaglie da combattimento o dal dedicarmi a queste frivolezze. Invece, ho abbracciato la libertà di parola e mi sono dedicato alla filosofia, diventando uno studente prima di Bacchius, poi di Tandasis e infine di Marcianus. In gioventù scrissi diversi dialoghi e aspirai a vivere una vita di semplicità spartana, scegliendo di dormire su un letto di assi di legno e di usare solo il necessario, mantenendo le usanze dell'Antica Grecia.

7. Lezioni di disciplina: L'influenza di Rusticus sulla mia crescita caratteriale

Rusticus mi ha fatto capire che il mio carattere deve essere migliorato e disciplinato. Mi ha insegnato a evitare di impegnarmi nell'emulazione sofistica, di scrivere su argomenti speculativi e di pronunciare discorsi oratori insignificanti. Mi consigliò di non ostentare la mia disciplina o le mie azioni benevole e di stare lontano dalla retorica, dalla poesia e dalla scrittura elegante. Mi sconsigliò anche di andare in giro per casa con gli abiti da esterno o di dedicarmi ad attività simili.

Inoltre, Rusticus mi insegnò a scrivere lettere con semplicità, come quella che scrisse a mia madre da Sinuessa. Ha anche sottolineato l'importanza di essere facilmente pacificati e riconciliati con coloro che mi hanno fatto del male.

Inoltre, Rusticus mi ha inculcato l'abitudine di leggere con attenzione e di non accontentarmi di una comprensione superficiale di un libro. Mi ha avvertito di non dare frettolosamente ragione a chi parla troppo.

Sono grato a Rusticus per avermi fatto conoscere i discorsi di Epitteto, che ha condiviso con me dalla sua collezione personale.

8. La saggezza di Apollonio: Lezioni sulla libertà di volontà e sulla determinazione incrollabile

Da Apollonio ho imparato la libertà di volontà e la determinazione incrollabile. Mi ha insegnato a concentrarmi unicamente sulla ragione e a rimanere saldo di fronte a dolori acuti, alla perdita di un figlio e a lunghe malattie. Con il suo esempio ha dimostrato che si può essere allo stesso tempo risoluti e arrendevoli, e mai scontrosi nell'impartire la saggezza. Ho osservato che Apollonio considerava la sua esperienza e la sua abilità nello spiegare i principi filosofici come la sua più piccola conquista. Mi ha insegnato ad accettare i favori degli amici senza sentirmi umiliato o senza disconoscerli.

9. La natura benevola e composta di Sesto: Condurre una vita in armonia con la natura

Sisto è ricordato per la sua natura benevola e per il suo esempio di guida paterna della famiglia. Credeva nella vita in armonia con la natura e si comportava con naturale gravità, senza alcun accenno di affettazione. Si preoccupava di curare con attenzione il benessere dei suoi amici ed era abbastanza paziente da tollerare le opinioni imprudenti e affrettate degli altri. Sextus aveva la capacità unica di adattarsi a qualsiasi situazione, rendendo piacevole interagire con lui, molto più di qualsiasi adulazione. Anche chi lo conosceva godeva della massima stima. Possedeva un approccio intelligente e metodico alla vita, usando il suo intuito per scoprire e organizzare i principi necessari per un'esistenza soddisfacente. Sisto era sempre composto e lucido, non cedeva mai alla rabbia o ad altre passioni. Era noto per la sua natura affettuosa ed era in grado di esprimere approvazione senza vantarsi o fare sfoggio di sé. Inoltre, era incredibilmente preparato senza mai sentire il bisogno di mettersi in mostra o di apparire ostentato.

10. Alex il grammatico: Padroneggiare la correzione tattile per una comunicazione efficace

Alessandro, il grammatico, sconsiglia di individuare i difetti e di rimproverare chi usa espressioni strane o sbagliate. Suggerisce invece di introdurre abilmente l'espressione corretta sotto forma di conferma, domanda o suggerimento sull'argomento, non sulla parola stessa.

11. Le lezioni di Fronto: Svelare la tirannia, l'invidia, la doppiezza, l'ipocrisia e la negligenza dei genitori nei patrizi d'élite

Ho imparato da Fronto a osservare le manifestazioni di invidia, doppiezza e ipocrisia in una persona tirannica. Inoltre, ho scoperto che gli individui che vengono comunemente definiti patrizi sono spesso privi di affetto genitoriale.

12. L'etica impeccabile di Alessandro il Platonico: Bilanciare responsabilità e tempo

Alessandro il Platonico raramente trova necessario dichiarare in un discorso o per iscritto che gli manca il tempo libero. Evita anche di usare le questioni urgenti come scusa per trascurare le sue responsabilità nei confronti di chi lo circonda.

13. Lezioni di amicizia, rispetto e genitorialità da Catulo, Domizio e Atenodoto

Catulus mi ha insegnato a non essere indifferente quando un amico trova un difetto, anche se lo fa senza motivo. Al contrario, dovrei cercare di riportarli alla loro solita disposizione d'animo. Inoltre, è importante parlare bene degli insegnanti, proprio come facevano Domizio e Atenodoto. Soprattutto, devo amare i miei figli con tutto il cuore.

14. Lezioni di principi e politica: L'impatto di mio fratello Severo sui miei ideali

Mio fratello Severo mi ha insegnato ad amare la mia famiglia, la verità e la giustizia. Mi ha fatto conoscere Traseo, Elvidio, Catone, Dione e Bruto e, grazie a lui, ho sviluppato il concetto di una società in cui la legge si applica a tutti allo stesso modo, in cui tutti hanno uguali diritti, libertà di parola e una monarchia che valorizza la libertà dei suoi sudditi. Mi ha inculcato un senso di coerenza e di impegno costante nella filosofia, la volontà di fare del bene e di aiutare gli altri e una visione positiva della vita. Ho imparato da lui l'importanza di essere trasparenti nelle proprie convinzioni, e non ha mai nascosto le sue opinioni sulle persone che disapprovava, né ha tenuto per sé i propri desideri o pensieri. Era evidente ciò che voleva e i suoi amici non dovevano mai tirare a indovinare.

15. Massimo: L'arte dell'autogoverno e della rettitudine inflessibile

Da Massimo ho imparato l'arte di autogovernarsi e di non farsi influenzare da fattori esterni. Mi ha anche insegnato l'importanza di mantenere un atteggiamento allegro, anche di fronte alle avversità e alle malattie. Il suo carattere morale era un delicato equilibrio di dolcezza e dignità, e non mostrava alcun segno di lamentela di fronte a qualsiasi compito.

Ciò che ammiravo di più di Maximus era che diceva sempre quello che pensava con onestà e sincerità. Non aveva mai intenzioni maliziose e le sue azioni riflettevano le sue intenzioni pure. Non appariva mai sorpreso o frettoloso e non rimandava mai ciò che doveva essere fatto. Maximus era sempre composto in qualsiasi circostanza e non cercava di nascondere la sua irritazione con una risata. Nonostante ciò, non diventava mai eccessivamente passionale o sospettoso.

Massimo mantenne una vita di vera benevolenza e perdono e fu sempre sincero. Incarnava l'immagine di un uomo che sapeva sempre ciò che era giusto; non aveva bisogno di essere migliorato. Il suo comportamento proiettava un senso di inflessibile rettitudine che gli valeva il massimo rispetto da parte di tutti coloro che lo circondavano.

Oltre alle sue impressionanti qualità, Massimo era spensierato e aveva il dono dell'umorismo che metteva a proprio agio tutti coloro che lo circondavano.

16. L'umile e il virtuoso: un ritratto di mio padre

Di mio padre ho osservato il temperamento mite, l'immutata determinazione dopo una ponderata riflessione e la genuina umiltà nei confronti degli onori. Possedeva una forte etica del lavoro e perseveranza, ed era disposto ad ascoltare le proposte per il bene pubblico. Trattava tutti come meritavano e aveva acquisito conoscenze grazie alle esperienze che gli avevano insegnato quando agire con vigore o con moderazione. Aveva superato ogni tentazione verso i ragazzi e non si considerava più speciale di qualsiasi altro cittadino. Non richiedeva mai ai suoi amici di cenare o di accompagnarlo, e rimaneva coerente nel trattare coloro che non potevano farlo. Studiava attentamente tutte le delibere con perseveranza e rifiutava di accontentarsi delle apparenze. Possedeva una disposizione leale nei confronti dei suoi amici senza innamorarsene eccessivamente, rimanendo allo stesso tempo allegro e sempre pronto ad affrontare le situazioni future, per quanto minute. Era anche vigile nel non considerare gli applausi o le lusinghe popolari, mentre gestiva l'impero e le spese, e accettava pazientemente le critiche per farlo. Non fu mai superstizioso con gli dei né cercò l'approvazione attraverso l'adulazione o l'elargizione di doni. Visse invece con modestia e umiltà, allontanandosi da qualsiasi estremo. Si godeva i beni che la fortuna gli concedeva, senza arroganza, dimostrando una mancanza di affettazione, e non li desiderava mai quando non c'erano. Non era un pedante, né un sofista, né uno schiavo casalingo, ma piuttosto un uomo realizzato con eccellenti capacità di gestione. Onorava i veri filosofi, ma non criticava quelli che non erano autentici. Si impegnava in conversazioni piacevoli senza falsi pretesti, curando al contempo la propria salute fisica senza essere vanitoso del proprio aspetto. Non aveva bisogno di medici di frequente grazie al suo impegno per una vita sana, e apprezzava e incoraggiava le persone con talenti unici, come l'eloquenza o la conoscenza della legge. Agì sempre in accordo con le istituzioni del suo Paese, senza ostentare pubblicamente la propria importanza. Prediligeva la stabilità e la coerenza, cambiando raramente le sue abitudini e rimanendo concentrato sulle sue attività preferite. Dopo aver sofferto di mal di testa, tornava immediatamente alla sua routine tipica con rinnovato vigore. I suoi segreti erano scarsi, ma riguardavano solo questioni pubbliche. Ha mostrato capacità di gestione efficiente, come l'uso prudente ed economico delle risorse nei lavori pubblici e nelle costruzioni, nonché negli spettacoli pubblici. Non cercava vantaggi personali per la sua reputazione, ma agiva in conformità con la sua bussola morale. Faceva il bagno in momenti appropriati, non cercava di costruire case stravaganti e non si concentrava sui colori o sulla consistenza degli abiti. Si vestiva principalmente con abiti di Lorium o Lanuvium. È noto il modo in cui trattò l'esattore del pedaggio a Tuscolo che implorava perdono, e si comportò in modo simile in tutti i casi. Non era duro o spietato, né si comportava in modo eccessivo. Anzi, esaminava tutto con logica, attenzione e coerenza, come se il tempo fosse sovrabbondante. Poteva astenersi o godere di certe cose che gli altri non potevano fare senza diventare eccessivo. La sua capacità di rimanere forte in entrambi gli aspetti dimostrava l'invincibilità della sua anima, come era evidente nel suo trattamento di Massimo durante la sua malattia.

17. Contare le mie benedizioni: Una prospettiva grata sulla vita

Sono grato agli dei per le molte benedizioni della mia vita. La mia famiglia, i miei insegnanti, i miei amici e i miei collaboratori sono stati tutti buoni con me. Sono anche grato di non essere mai stato tentato di offendere gli dei, anche se possiedo una natura che avrebbe potuto portarmi su questa strada.

Devo agli dei il fatto di non essere cresciuto con la concubina di mio nonno e di non aver praticato attività sessuale prima del momento opportuno. Sono grato alla guida di mio padre, che mi ha insegnato che si può vivere in modo lussuoso senza bisogno di guardie, abiti costosi o ostentazioni.

Sono anche grata per l'influenza di mio fratello, che mi ha aiutato a diventare più consapevole e vigile. Inoltre, sono grata che i miei figli non abbiano affrontato alcuna sfida fisica o intellettuale.

Anche se non eccellevo in alcune aree di studio, sono grato di aver avuto l'opportunità di imparare da grandi maestri come Apollonio, Rustico e Massimo. Grazie ai loro insegnamenti, ho acquisito una profonda comprensione di ciò che significa vivere in accordo con la natura.

Il mio corpo ha retto bene negli anni, nonostante le sfide che ho affrontato. Sono grata di non aver mai agito in base a sentimenti amorosi nei confronti di Benedicta o Teodoto e di essere riuscita a superarli.

Sono grato per la presenza di mia madre durante i suoi ultimi anni e per la capacità di aiutare gli altri quando necessario. Sono anche grato per la mia obbediente e amorevole moglie e per gli eccellenti insegnanti che hanno guidato i miei figli.

Infine, sono grato di non aver sprecato il mio tempo in attività frivole come la sofistica, la storia o lo studio dell'astrologia. Mi sono invece concentrato a vivere una vita appagante e onesta, grazie agli dei.

LIBRO 2

— Scoprire un'esistenza significativa

Sfruttate al massimo ogni momento e prendete in mano la vostra vita. È importante astenersi da comportamenti immorali e abbracciare la vita, non temere la morte. Vivere nel presente è fondamentale e prendersi il tempo per capire le convinzioni e le presunzioni degli altri può aiutare a raggiungere l'intuizione e la serenità. Adottando questi principi, potrete trovare un maggior senso di scopo e soddisfazione nella vostra vita quotidiana.

1. Abbracciare la bontà e superare la bruttezza: Come iniziare la giornata con una mentalità positiva

Iniziate la giornata ricordandovi che potreste incontrare persone ficcanaso, ingrate, pompose, disoneste e gelose. Questi individui si comportano in questo modo a causa della loro mancanza di conoscenza del bene e del male. Tuttavia, ho capito che la bontà è bella e la bruttezza ripugnante. Inoltre, coloro che sbagliano sono come me, non solo per sangue o eredità, ma anche per intelligenza e provvidenza divina. Pertanto, non possono farmi del male, né io posso disprezzarli o odiarli. È nella nostra natura cooperare gli uni con gli altri, armonizzarci come piedi, mani, palpebre e denti. Agire in modo contrario va contro la natura, e l'irritazione o l'evitamento reciproco ne sono un indicatore.

2. Contemplare la mortalità: Abbracciare la coscienza e trascurare la carne

Non sono che una mera combinazione di carne e respiro, accanto alla mia coscienza dominante. È giunto il momento di mettere da parte libri e altre distrazioni. Contemplate invece la vostra mortalità e trascurate la carne, che è una mera composizione di sangue, ossa e varie reti di nervi, vene e arterie. Prendetevi un momento per considerare il vostro respiro, che consiste in aria che viene costantemente espirata e inspirata. Infine, concentratevi sulla vostra coscienza dominante. Immaginatevi come un uomo anziano, libero dalle catene delle aspettative e dei desideri della società. Abbracciate la vostra situazione attuale e non temete ciò che vi riserva il futuro.

3. Il progetto divino: Abbracciare il destino e l'equilibrio in un universo connesso

Tutto ciò che è di origine divina è impregnato di premeditazione. Ciò che nasce dal caso non è isolato dalla natura ed è intricatamente legato agli elementi disposti dal calcolo divino. Tutto nasce da questa interconnessione, guidata dal destino e dal bene del cosmo, di cui voi siete parte integrante. Il benessere di ogni componente della natura è determinato da ciò che l'insieme richiede e da ciò che facilita il mantenimento di questo equilibrio. L'universo è sostenuto dall'interazione degli elementi e delle loro composizioni. Lasciate che questi principi siano sufficienti e costituiscano il fondamento delle vostre convinzioni. Non abbiate una sete eccessiva di conoscenza, per non lasciare questo mondo insoddisfatto. Affrontate ogni momento con gratitudine, onestà e gioia, abbracciando la volontà divina.

4. Cogliete l'opportunità divina prima che il tempo scada

Ricordate quanto tempo avete sprecato per rimandare questi compiti e quante opportunità vi sono state date dal divino, ma non avete agito. È giunto il momento di rendervi conto del vostro posto in questo vasto universo e di riconoscere che la vostra esistenza è una manifestazione del suo ordine divino. Il vostro tempo è limitato e se non prendete le misure necessarie per liberare la vostra mente, essa andrà perduta e voi con essa, per non tornare mai più.

5. La Guida romana per una vita serena: Raggiungere la dignità, l'affetto e la libertà

In ogni momento, pensate e agite come un romano, con perfetta dignità, affetto, libertà e giustizia. Concentratevi esclusivamente sul compito da svolgere e liberatevi da ogni altra distrazione. Datevi la pace mentale vivendo ogni momento della vostra vita come se fosse l'ultimo, senza disattenzioni, avversioni passionali al ragionamento, ipocrisia, amor proprio o insoddisfazione per la situazione attuale. Si può notare come siano necessarie poche cose per vivere una vita pacifica, come quella degli dei. Osservando questi principi, gli dei non vi chiederanno più nulla.

6. Salvaguardare l'anima: privilegiare l'autostima rispetto all'approvazione esterna

Non danneggiare te stessa, anima mia. Perché se fai del male, ti privi della possibilità di onorare te stesso. La vita di ogni persona è completa, ma la tua è vicina alla fine. La tua felicità non viene da dentro, ma dall'approvazione degli altri. È tempo di valorizzare e custodire la propria anima.

7. Trovare l'equilibrio: Evitare le distrazioni e abbracciare la produttività

Le distrazioni esterne stanno prendendo il sopravvento sulla vostra concentrazione? Datevi il tempo di imparare qualcosa di nuovo e positivo e liberatevi dalla spirale della confusione. Tuttavia, fate attenzione a non oscillare troppo nella direzione opposta: chi si esaurisce in attività senza senso e non ha una direzione chiara per i propri pensieri sta anche sprecando la propria vita.

8. I pericoli di ignorare i nostri pensieri: Un percorso verso l'infelicità

È raro che una persona diventi infelice perché non è consapevole dei pensieri altrui. Tuttavia, non prestare attenzione ai nostri pensieri e alle nostre azioni mentali può portare all'infelicità.

9. Liberate la vostra vera natura: Comprendere l'armonia dell'universo

Tenete sempre presente la natura dell'universo e la vostra natura. Considerate come si relazionano tra loro e quale ruolo svolgete nello schema più ampio delle cose. Ricordate che nulla può impedirvi di agire e parlare secondo la vostra vera natura.

10. Desiderio e rabbia: Il punto di vista filosofico di Teofrasto sulla condannabilità delle azioni sbagliate

Teofrasto confronta diversi tipi di offese e, da saggio filosofo, afferma che le offese commesse per desiderio sono più riprovevoli di quelle provocate dall'ira. Quando un individuo agisce in preda all'ira, sembra ignorare la logica mentre prova disagio e perde il controllo di sé. Tuttavia, chi commette un torto per desiderio è più incline a comportamenti eccessivi e mostra una sorta di debolezza caratteriale tipicamente associata alla femminilità. Pertanto, egli suggerisce giustamente che le azioni compiute con piacere sono più condannabili di quelle compiute con dolore. In sintesi, la prima riflette una persona che risponde a una ferita ed è costretta ad agire con rabbia, mentre la seconda è causata da una passione autoindotta che la spinge a compiere un'azione sbagliata.

11. Abbracciare l'incertezza: Vivere senza paura dell'ignoto

Poiché è possibile che possiate abbandonare questa vita in qualsiasi momento, regolate ogni azione e pensiero di conseguenza. Tuttavia, se esistono gli dei e lasciate la compagnia degli uomini, non c'è motivo di temere, perché gli dei non vi faranno del male. Se non esistono o non si curano delle vicende umane, cosa importa se l'universo è privo di dèi o di provvidenza? In realtà, però, essi esistono e si preoccupano delle cose umane. Hanno dato agli uomini il potere di evitare i mali reali. Se c'è qualcosa di malvagio, hanno fornito i mezzi per evitarlo. Se qualcosa non peggiora una persona, come può peggiorare la sua vita? La natura dell'universo non può trascurare o commettere un grande errore nel permettere che il bene e il male accadano indiscriminatamente a persone buone e cattive. La morte, la vita, l'onore, il disonore, il dolore e il piacere capitano sia alle persone buone che a quelle cattive, ma non ci rendono migliori o peggiori. Pertanto, non sono né buoni né cattivi.

12. La natura effimera della vita: Una contemplazione sulla morte e il divino nell'universo

Quanto velocemente tutto scompare: nell'immenso universo, i corpi stessi, ma col tempo anche il loro ricordo. È compito delle nostre facoltà intellettuali osservare la natura di tutte le cose tangibili, soprattutto di quelle che ci tentano con il piacere, ci terrorizzano con il dolore o si esaltano con una fama effimera. Dobbiamo riconoscere quanto siano inutili, spregevoli, sordide, deperibili e, in ultima analisi, morte.

Dobbiamo esaminare coloro le cui opinioni e voci conferiscono loro reputazione e influenza. Inoltre, dovremmo contemplare la vera natura della morte; se la esaminiamo astraendo e scomponendo tutte le componenti che la nostra immaginazione potrebbe attribuirle, scopriremo che è solo un processo naturale. Chi la teme è come un bambino che teme ciò che non capisce.

Inoltre, dobbiamo riconoscere che la morte non è solo un processo naturale, ma fa anche parte dell'ordine naturale e serve a uno scopo particolare. Infine, dobbiamo anche notare come gli esseri umani siano affini al divino e attraverso quale parte di noi, e quando questa parte è in sintonia con la divinità.

13. Le insidie di un vicino ficcanaso: Onorare la propria coscienza e rispettare gli altri

Non c'è niente di più miserabile di un uomo che va in giro a curiosare in ogni cosa, persino a scavare nelle cose sotto terra, come dice il poeta. Cerca di indovinare cosa pensano i suoi vicini senza rendersi conto che è sufficiente prestare attenzione alla propria coscienza e rispettarla sinceramente. Onorare la propria coscienza significa mantenerla libera dalle emozioni e dall'incoscienza, e non essere insoddisfatti di ciò che viene dagli dei o dagli uomini. Dobbiamo rispettare ciò che viene dagli dèi perché è eccellente, e dobbiamo avere a cuore ciò che viene dagli uomini per la nostra comune umanità. A volte, l'ignoranza delle persone su ciò che è buono e cattivo può persino provocare la nostra pietà, una mancanza che è tanto grave quanto l'incapacità di distinguere il nero dal bianco.

14. L'attimo fuggente: Perché non possiamo perdere ciò che non abbiamo mai avuto

Se doveste vivere per tremila o diecimila volte tanto, ricordate questo: nessuno perde una vita diversa da quella che vive attualmente, né vive una vita diversa da quella che perde attualmente. La più lunga e la più breve arrivano alla stessa fine. Mentre il momento presente è lo stesso per tutti, ciò che perisce non è identico. Pertanto, ciò che sembra perduto non è che un momento fugace. Una persona non può perdere ciò che non ha mai avuto, quindi non può perdere il passato o il futuro. Bisogna tenere a mente due cose: Primo, che tutto ha una forma simile e che dall'eternità si chiude il cerchio. Che si viva per cento, duecento o infiniti anni, non fa differenza nel grande schema delle cose. In secondo luogo, la persona che vive più a lungo e quella che morirà più presto perdono la stessa cosa. Il momento presente è l'unica cosa di cui si può essere privi se è vero che è l'unica cosa che si ha veramente, e chi non ha qualcosa non può perderla.

15. Soggettività senza veli: Estrarre la verità dalle opinioni

Tenete presente che tutto è soggettivo. Come dimostrano le parole del cinico Monimo, l'utilità di qualsiasi opinione risiede nella capacità di estrarre la verità da essa e di applicarla di conseguenza.

16. L'autosabotaggio dell'anima umana: come ci danneggiamo in cinque modi

L'anima umana è il suo peggior nemico. Si danneggia in diversi modi. In primo luogo, diventando, per così dire, una piaga o un tumore dell'universo, quando si sente offesa dagli eventi che si verificano. È una forma di disconnessione dalla natura, che comprende la natura di tutte le altre cose. In secondo luogo, provoca un danno a se stesso quando si allontana dagli altri o si avvicina a loro con intento ostile, come nel caso di chi è consumato dall'ira. In terzo luogo, si fa del male cedendo al piacere o al dolore. In quarto luogo, tradisce se stesso comportandosi o parlando in modo insincero o ingannevole. In quinto luogo, si rende un pessimo servizio agendo o muovendosi senza intenzione, eseguendo compiti senza pensare, perché anche le più piccole azioni dovrebbero avere uno scopo. Lo scopo dell'essere razionale, dopo tutto, è quello di obbedire alla ragione e alla legge della più antica città e della più antica politica.

17. Il sentiero della pace interiore: Come la filosofia ci insegna ad abbracciare il costante cambiamento della vita

La vita umana non è che un momento, una sostanza in continuo mutamento, con una percezione ottusa e un corpo soggetto a decadimento. L'anima è un turbine e la fortuna è difficile da prevedere. La fama, una qualità priva di giudizio. In sintesi, tutto ciò che riguarda il corpo è un flusso, mentre tutto ciò che riguarda l'anima è solo un sogno e un vapore; la vita è una lotta e una terra straniera, e dopo la fama arriva l'oblio. Che cosa guida dunque l'uomo? La risposta è una sola: la filosofia. Si tratta di mantenere la coscienza dentro di sé libera dalla violenza e dal male. Essere superiori sia al dolore che al piacere e avere uno scopo per ogni azione, senza finzioni o ipocrisie. Una persona non dovrebbe affidarsi agli altri per fare qualcosa, ma dovrebbe accettare tutto ciò che le accade, poiché proviene dallo stesso luogo in cui si trova. In conclusione, una persona dovrebbe attendere la morte con animo felice, perché essa è semplicemente una rappresentazione della dissoluzione degli elementi presenti in tutti gli esseri viventi. Se non c'è alcun danno per gli elementi attraverso questo continuo cambiamento in qualcos'altro, allora perché una persona dovrebbe avere paura di questo cambiamento e della dissoluzione di tutti gli elementi? Tutto ciò che avviene secondo natura non è male.

LIBRO 3

— Raggiungere la propria vita migliore

Abbracciate i valori che contano davvero. Prendete il controllo del vostro tempo e vivete con uno scopo, sfruttando al massimo ogni opportunità. Apprezzate il mondo naturale che vi circonda e trovate un significato nella vostra routine quotidiana. Coltivate la fiducia in voi stessi e mantenete l'integrità, praticando sempre l'onestà ed evitando l'inganno. Evitando gli eccessi e dando priorità all'esercizio fisico regolare, si può trovare soddisfazione nello scopo della vita e diventare un amministratore più attento e consapevole dell'ambiente.

1. Cogli l'attimo: L'urgenza della chiarezza mentale di fronte alla mortalità

Dobbiamo riconoscere non solo che la nostra vita si sta lentamente esaurendo e che ce ne rimane sempre meno, ma anche che, se viviamo più a lungo, non c'è garanzia che la nostra capacità di comprendere e contemplare il divino e l'umano rimanga intatta. Invecchiando, potremmo iniziare a perdere le nostre facoltà mentali, tra cui la percezione, l'alimentazione, l'immaginazione e l'appetito. Queste possono persistere, ma il potere di adempiere ai nostri doveri, di separare la verità dall'inganno e di valutare se è giunto il momento di lasciare la vita richiede una mente disciplinata, che potremmo perdere. Pertanto, dobbiamo agire con urgenza, poiché la capacità di comprendere e concepire le cose è la prima ad andarsene, non solo perché ci stiamo avvicinando alla fine della nostra vita.

2. La bellezza naturale oltre la natura: Trovare il piacere nell'imperfezione

È importante notare che anche le cose che vengono dopo la natura possono essere piacevoli e attraenti. Prendiamo ad esempio il pane. Quando viene cotto, alcune parti si aprono e hanno una bellezza unica. Anche se non sono ciò che il fornaio intendeva, ci fanno venire voglia di mangiarne ancora. Quando i fichi sono completamente maturi, si spaccano, ma questo aumenta il loro fascino. Allo stesso modo, le olive quasi marce hanno una certa bellezza. Il modo in cui le spighe di grano si piegano o la schiuma dei cinghiali alla bocca possono non essere belli singolarmente, ma poiché sono naturali, aggiungono bellezza all'insieme. Per chi comprende e apprezza profondamente la natura, tutto ciò che fa parte dell'universo può dare piacere. Può trovare attraenti le fauci spalancate delle bestie selvatiche, così come può vedere il fascino di una persona anziana. Può apprezzare il fascino della giovinezza senza che questo risulti inappropriato. Queste cose possono piacere ad alcuni, ma solo a chi conosce intimamente la natura e ciò che essa crea.

3. Il destino fatale dei grandi e dei saggi - Riflessione sulla mortalità e sull'aldilà

Dopo aver curato numerose malattie, Ippocrate stesso si ammalò e alla fine morì. I Caldei predissero la fine di molti individui, ma il destino li raggiunse. Alessandro, Pompeo e Caio Cesare, nonostante abbiano annientato intere città e abbattuto migliaia di cavallerie e fanterie in battaglia, alla fine hanno incontrato il loro destino. Eraclito passò molto tempo a speculare sulla morte ardente dell'universo, per poi morire riempito d'acqua e coperto di fango. Democrito fu distrutto dai pidocchi e Socrate fu ucciso da altri pidocchi. Qual è il significato di tutto questo? Avete intrapreso il viaggio, avete raggiunto la vostra destinazione ed è ora di partire. Se c'è davvero un'altra vita, non c'è da preoccuparsi, perché gli dei esistono anche nell'aldilà. Se invece c'è il nulla, non sarete più prigionieri del dolore o del piacere, né rimarrete schiavi del corpo fisico che si corrompe e si disintegra. Perché il corpo è della terra ed è soggetto alla decadenza, mentre la mente e lo spirito sono divini ed eterni.

4. Addestrare i pensieri a sostenere nobili cause: Come elevarsi al di sopra delle distrazioni e abbracciare uno spirito divino interiore

Non sprecate i giorni che vi restano a riflettere sugli altri, se i vostri pensieri non sono in linea con un bene comune. Non sprecate l'opportunità di fare qualcosa di più grande intrattenendovi con distrazioni quali: "Cosa sta facendo, dicendo, pensando o pianificando questa persona?". Questo tipo di pensieri ci allontana dalla consapevolezza di noi stessi e dalla nostra capacità di agire. Dobbiamo controllare i nostri pensieri e liberarci di tutto ciò che è privo di scopo, in particolare di quelli indiscreti e maliziosi. Allenatevi a contemplare solo le questioni che potete condividere apertamente e senza riserve, in modo tale da mostrare semplicità, gentilezza e correttezza sociale. Astenetevi dai pensieri di svago e sensualità, dall'invidia, dal sospetto o da tutto ciò che vi farebbe vergognare se venisse alla luce. Chi non è distratto da questi pensieri è come un servitore degli dei e un sacerdote. Possiede inoltre uno spirito divino che lo rende insensibile al piacere e al dolore, indenne dagli insulti, insensibile a qualsiasi ingiustizia e paladino delle cause più nobili. Non si lasciano facilmente travolgere dalle passioni, apprezzano la giustizia e abbracciano pienamente tutto ciò che la vita assegna loro senza troppi ripensamenti. Si prende cura di tutti, ricordando che ogni anima razionale è sua parente e che la natura umana richiede che si occupi del benessere delle persone. Si attiene alle opinioni di coloro che vivono la vita come la natura l'ha concepita, non di tutti gli opinionisti. Allo stesso modo, si ricorda di coloro che vivono una vita vile e impura, sia in casa che fuori. Non dà valore alle lodi di questi individui, perché non sono mai soddisfatti di se stessi.

5. Liberate il vostro leader romano interiore: Consigli per una responsabilità autosufficiente

Non lavorate controvoglia o senza riguardo per il bene comune, e fate in modo di riflettere adeguatamente sulle vostre azioni senza distrarvi. Non usare ornamenti eccessivi nelle tue parole, e non parlare troppo o coinvolgerti in troppe cose. Inoltre, lasciate che il Dio che è in voi vi guidi come un leader romano maturo e di mentalità politica, pronto a compiere il proprio dovere senza bisogno di giuramenti o della testimonianza di altri. Affrontate le vostre responsabilità con allegria ed evitate di affidarvi ad aiuti esterni o di cercare la tranquillità che altri possono darvi. Rimanete saldi e in piedi da soli, piuttosto che affidarvi ad altri per sostenervi.

6. Abbracciare la divinità interiore: Una guida razionale per trovare la vera soddisfazione nella vita

Se nella vita umana trovate qualcosa che superi la giustizia, la verità, la temperanza, la forza d'animo e, in breve, qualsiasi cosa che superi la soddisfazione della vostra mente nel fare ciò che è giusto e nell'adempiere al vostro ruolo senza che lo scegliate, se davvero vedete qualcosa di superiore a questo, abbracciatelo con tutto il cuore e godete di ciò che trovate essere il meglio. Tuttavia, se non c'è niente di meglio della divinità piantata dentro di voi, che regna su tutti i vostri desideri, valuta con cura tutte le vostre percezioni, si è distaccata dalle influenze dei sensi, come diceva Socrate, si è sottomessa agli dei e si prende cura dell'umanità, e trovate che tutto il resto abbia un valore inferiore a questo, allora non fate spazio a nient'altro, perché una volta che vi rivolgete a qualcos'altro, non sarete più in grado di prestare la giusta attenzione alla cosa buona che è vostra di diritto. È inaccettabile che qualsiasi altra cosa, come la lode delle masse, il potere o il godimento del piacere, possa rivaleggiare con qualcosa di veramente razionale e buono in senso pratico. Anche se le cose sembrano coesistere in armonia, diventano presto dominanti e ci portano fuori strada. Pertanto, scegliete semplicemente e con fiducia ciò che è meglio, ma assicuratevi che sia veramente utile per voi come esseri razionali, e tenetevelo stretto. Se è utile solo per voi come animali, chiaritelo, mantenete il vostro giudizio senza arroganza e assicuratevi di arrivare alla vostra conclusione con un metodo affidabile.

7. Vivere in armonia: Dare priorità all'intelligenza e all'eccellenza rispetto alla rottura di promesse e desideri

Non prendete mai in considerazione nulla di vantaggioso per voi stessi che vi costringa a infrangere le vostre promesse, a perdere il rispetto di voi stessi, a odiare gli altri, a essere sospettosi, a bestemmiare, a comportarvi da ipocriti o a desiderare qualcosa che richieda muri e tende. Date invece priorità alla vostra intelligenza e alla ricerca dell'eccellenza nel servire la vostra coscienza. Così facendo, non dovrete affrontare tragedie, lamenti o il bisogno di solitudine o di eccessiva compagnia. Soprattutto, vivrete in armonia senza inseguire o fuggire dalla morte. Che la vostra anima rimanga racchiusa nel corpo per un tempo lungo o breve, non è importante, perché voi siete indifferenti ad essa. Anche se dovete andarvene immediatamente, lo farete con la stessa compostezza e lo stesso ordine di qualsiasi altra cosa. Durante la vostra vita, fate in modo che i vostri pensieri non si discostino da quelli di un essere intelligente e di un membro attivo di una comunità civile.

8. Purezza e completezza: La mente di una vera anima umile

Nella mente di una persona umile e raffinata non si trovano impurità o ferite coperte. Anche quando il destino interviene e lo spettacolo non va avanti, la loro vita è ancora piena e completa, a differenza di un attore che se ne va a metà spettacolo. Inoltre, non c'è nulla in loro che sia servile o artificioso, né sono eccessivamente attaccati o distaccati dalle cose. Non c'è nulla da criticare o nascondere.

9. Il potere di rispettare la propria facoltà di formazione delle opinioni

Rispettate la facoltà responsabile della formazione delle opinioni. Dipende esclusivamente da questa facoltà se il vostro essere interiore nutre idee che contraddicono lo stato naturale e la costituzione delle creature razionali. Abbracciare questa facoltà garantisce una saggezza che elimina i giudizi impulsivi, uno spirito affine verso gli altri esseri umani e la riverenza verso la divinità.

10. L'arte di lasciar andare: Vivere nel presente e apprezzare ciò che conta davvero

Semplificate i vostri beni e tenetene solo alcuni. Inoltre, ricordate che ogni persona vive solo nel momento presente: il passato è alle spalle e il futuro è sconosciuto. La vita è breve per tutti e noi abitiamo solo una piccola parte del mondo. Anche la più lunga fama postuma è fugace e viene mantenuta solo dalle generazioni successive, che a loro volta sono tutte mortali e difficilmente ricorderanno coloro che sono passati molto prima del loro tempo.

11. Svelare l'essenza: Padroneggiare l'arte dell'esame sistematico degli oggetti

Aggiungete questo aiuto agli altri già citati: Creare una definizione o una descrizione chiara dell'oggetto che vi viene presentato. In questo modo, potrete comprendere l'essenza dell'oggetto, la sua nudità, la sua interezza, e identificare il suo nome proprio, i nomi dei suoi componenti e ciò in cui si scomporranno alla fine. Niente aiuta di più a elevare la propria mente che esaminare ogni oggetto in modo sistematico e veritiero, così come si presenta nella vita. Guardate sempre le cose attraverso la lente del loro posto nell'universo, del loro scopo, del loro valore e del loro rapporto con l'umanità. Come cittadini della città più alta, tutte le altre città sono come famiglie. Determinate che cos'è ogni oggetto, la sua composizione, la sua durata di vita e quali virtù richiede da voi, come la gentilezza, la virilità, la verità, la fedeltà, la semplicità, la contentezza e altro ancora. Pertanto, in ogni occasione, riconoscete che alcune cose provengono da un potere superiore, dal destino, dalla coincidenza o dal caso, o da qualcuno dello stesso ceppo, e ricordate come trattarle secondo la legge della fratellanza, della benevolenza e della giustizia. Nel frattempo, cercate di determinare il valore delle cose indifferenti.

12. Sbloccare la chiave della contentezza: Padroneggiare la diligenza, la concentrazione e la pura autenticità

Se lavorate diligentemente e con calma al vostro compito attuale, seguendo la ragione e rimanendo concentrati senza permettere alcuna distrazione, e mantenete il vostro vero sé puro come se dovesse essere riportato immediatamente alla sua fonte, allora vivrete una vita soddisfacente e appagante. Mantenete questa mentalità senza cercare nulla, senza temere nulla e con l'orgoglio di dire la verità con eroismo. Nessuno può impedirvi di raggiungere la felicità con questo atteggiamento.

13. Precisione di principio: La connessione divina con i compiti umani

Come i medici tengono sempre a portata di mano gli strumenti e i bisturi per i casi di emergenza, così voi dovreste tenere pronti i vostri principi per comprendere sia le questioni divine che quelle umane e per svolgere qualsiasi compito, per quanto piccolo, con la consapevolezza che questi due regni sono intimamente connessi. Non si può realizzare nulla di umano senza fare riferimento al divino, e viceversa.

14. Vivere il presente e agire: Non perdetevi la storia della vostra vita

Non vagate più senza meta. Non leggerete più la vostra storia o le storie dei grandi antichi romani e greci, e nemmeno i libri che stavate conservando per la vostra vecchiaia. Concentratevi invece sul presente e agite. Smettete di aggrapparvi ad aspirazioni irrealistiche e iniziate a prendervi cura di voi stessi finché ne avete la possibilità.

15. Svelare i significati nascosti al di là della percezione visiva

Non sono consapevoli della moltitudine di significati veicolati dai termini rubare, seminare, comprare, tacere e percepire ciò che è necessario. Questa comprensione non si basa solo sulla percezione visiva, ma richiede un'altra forma di intuizione.

16. Il sentiero virtuoso: Accettazione, contentezza e la scintilla divina dentro di noi

Il corpo percepisce, l'anima desidera e l'intelletto ragiona. Gli animali possono percepire le forme delle cose attraverso le apparenze e le bestie selvatiche, così come gli uomini che hanno abbandonato la ragione, possono essere spinti dai loro desideri. Anche tiranni come Falari e Nerone possiedono questa propensione. Allo stesso modo, la capacità di discernere ciò che è opportuno appartiene a coloro che negano l'esistenza degli dei e si impegnano in comportamenti immorali a porte chiuse. Poiché questi tratti sono comuni a tutti, ciò che rimane unico nell'individuo virtuoso è la disposizione ad accettare qualsiasi cosa accada e ad accontentarsi del corso degli eventi. Inoltre, salvaguardano la scintilla divina che è in loro, astenendosi dall'inquinarla con pensieri o immagini impure che potrebbero disturbare la sua tranquillità. Al contrario, la seguono obbedientemente come un dio, dicendo solo la verità e comportandosi con giustizia. Una persona di questo tipo non è turbata da alcuna incredulità nel suo modo di vivere semplice, umile e soddisfatto, e mantiene la rotta che la condurrà alla sua destinazione finale. Questa fine dovrebbe trovarli puri, calmi, rassegnati e in pace con il loro destino, senza rimpianti e senza la necessità di lasciare questo mondo.

LIBRO 4

— Sfruttare la forza interiore

Per superare le sfide della vita, dobbiamo innanzitutto coltivare una solida base interna. Ciò significa accettare noi stessi e le nostre circostanze e trovare la forza interiore per affrontare le avversità con ragionevolezza e resilienza. Semplificando la nostra vita e concentrandoci sul presente, possiamo perseguire più efficacemente i nostri obiettivi e trovare la soddisfazione. È inoltre fondamentale essere gentili con gli altri e perseguire le nostre passioni con determinazione e slancio. In definitiva, dobbiamo ricordare che il nostro tempo su questa terra è breve e sta a noi sfruttarlo al meglio. Abbracciando la vastità dell'universo e il nostro posto in esso, possiamo trovare la motivazione per perseguire i nostri sogni e vivere la nostra vita al meglio.

1. Sfruttare la fiamma interiore: come l'autogoverno adattabile può superare qualsiasi ostacolo

La forza interiore che governa se stessi, quando è in linea con la natura, è intrinsecamente adattabile alle circostanze esterne. Non dipende da alcun materiale specifico, ma si muove costantemente verso i suoi obiettivi quando affronta determinate condizioni. Questa forza crea persino il proprio materiale dall'opposizione, proprio come una fiamma forte può afferrare e consumare qualsiasi oggetto che le cada addosso. Mentre una fiamma piccola potrebbe essere soffocata da un oggetto del genere, una fiamma più forte lo converte rapidamente in carburante per salire ancora più in alto.

2. Padroneggiare l'arte dell'azione mirata: Come ottenere risultati impeccabili

Assicuratevi che ogni azione abbia uno scopo preciso e sia eseguita secondo gli impeccabili principi dell'arte.

3. Trova la tua pace interiore: Come ritirarsi e rinfrescare la mente in mezzo al caos e al malcontento

Gli uomini cercano spesso rifugi come case di campagna, zone costiere e montagne. Anche voi potreste desiderare queste cose. Tuttavia, questa è una caratteristica delle persone più comuni. Avete il potere di ritirarvi in voi stessi quando volete. In nessun altro luogo troverete un luogo di fuga più tranquillo e senza problemi che nella vostra anima. Soprattutto se possedete pensieri che, quando vengono riflettuti, portano un'immediata tranquillità. Io sostengo che la pace interiore non è altro che una mente ben organizzata. Pertanto, concedetevi costantemente questo ritiro e rinfrescatevi. Mantenete i vostri principi concisi e fondamentali. Vi accorgerete che il ritorno a questi principi sarà sufficiente a purificare completamente la vostra mente e a eliminare qualsiasi malcontento nei confronti del mondo esterno. Che cosa vi rende scontenti? Soffrite per le colpe degli altri? Ricordate che gli esseri razionali esistono gli uni per gli altri, che sopportare le colpe degli altri fa parte della giustizia e che l'uomo sbaglia involontariamente. Considerate quanti sono morti dopo aver manifestato inimicizia, sospetto, odio e lotta reciproca e sono, quindi, a riposo. Ma forse non siete soddisfatti di ciò che l'universo vi ha assegnato? Ricordate questo: ci sono due alternative. O c'è la provvidenza, o tutto è solo una fortuita concomitanza di cose, oppure ricordate gli argomenti che rivelano il mondo come una comunità politica. Siate finalmente soddisfatti. Le cose fisiche vi legano ancora? Ricordate che lo spirito non si confonde con il respiro, che si muova dolcemente o violentemente. Ricordate tutto ciò che avete imparato sul dolore e sul piacere, e poi riposerete. Il desiderio di fama vi perseguita ancora? Ricordate quanto velocemente tutto viene dimenticato, il caos del tempo infinito che esiste da ogni parte di noi, la vacuità degli applausi, la volubilità e il cattivo giudizio di coloro che pretendono di elogiarvi. Ricordate quanto è misero il palcoscenico della vita e che tipo di attori siamo. È un mero punto nello spazio e tutto ciò che vi si trova è solo frutto di opinioni. Soprattutto, quando vi avvicinate a questi pensieri che sono i più vicini e hanno il potere di suscitare piacere o dolore, fate in modo che sia presente questo pensiero: che non è possibile che qualcosa di esteriore abbia un dominio su di voi.

4. L'intelletto condiviso: Come una legge universale unisce l'umanità

Se il nostro intelletto è condiviso, anche la nostra capacità di ragionare, che ci rende esseri razionali, è condivisa. A sua volta, è condivisa la ragione comune che ci guida su cosa fare e cosa non fare. Questo porta all'esistenza di una legge universale e ci rende concittadini all'interno di una comunità politica. In effetti, siamo tutti membri di una comunità più ampia, il che rende il mondo stesso un tipo di Stato. Quale altra comunità, del resto, può pretendere di includere tutta l'umanità?

È da questa comunità politica condivisa che derivano le nostre capacità intellettuali e di ragionamento, nonché la nostra comprensione del diritto. Così come il mio corpo terreno è composto da diversi elementi, anche il mio io intellettuale proviene da una fonte particolare. Perché nulla può venire dal nulla e nulla può tornare alla non-esistenza.

5. Svelare il mistero naturale della morte e della generazione

La morte, come la generazione, è un mistero naturale. Siamo composti dagli stessi elementi e alla fine ci decomporremo in essi. Non c'è nulla di cui vergognarsi, perché non è contrario alla natura di un animale ragionevole o alla ragione della nostra costituzione.

6. La natura del dovere: perché alcuni compiti sono intrinsecamente destinati a determinati individui

È naturale che questi compiti vengano svolti da individui di tale natura, ed è fondamentale; se uno non è d'accordo, potrebbe anche rifiutare di far scorrere il succo del fico. Tuttavia, tenete presente che presto sia voi che la persona in questione non sarete più in vita e, alla fine, nessuno dei vostri nomi sarà più ricordato.

7. Il potere della percezione: Come la rimozione della prospettiva personale può eliminare la capacità di lamentarsi e cancellare il danno

Se si elimina la prospettiva personale, scompare la possibilità di lamentarsi di essere danneggiati. Se si elimina l'inclinazione a lamentarsi del danno, il danno stesso non esiste più.

8. Il potere del non-fare: come ciò che non ci fa male può solo renderci più forti

Ciò che non peggiora una persona, non peggiora la sua vita né la danneggia esternamente o internamente.

9. Dall'obbligo all'opportunità: La trasformazione dell'utilità universale

L'universalmente utile è stato costretto a farlo.

10. Scoprire la verità: come osservare tutto come giusto può portarvi a essere una persona migliore

Considerate che tutto ciò che accade è giusto e, se osservate attentamente, scoprirete che è vero. Non mi riferisco solo alla continuità degli eventi, ma anche a ciò che è giusto ed equilibrato, come se a ogni cosa venisse assegnato il giusto valore. Quindi, continuate a osservare come avete iniziato. E qualsiasi cosa facciate, fatela con l'obiettivo di essere buoni, nel senso che comporta l'essere una persona buona. Cercate sempre di raggiungere questo obiettivo in ogni azione che fate.

11. Rompere il ciclo: Perché adottare i punti di vista dell'avversario non serve a nulla

Non adottare la stessa visione delle cose della persona che ti fa torto o che vuole farti credere, ma considerarle con obiettività e per come sono veramente.

12. Le due regole d'oro per gli uomini: Ragionamento e apertura mentale per il bene comune

Un uomo dovrebbe sempre essere preparato con due regole: In primo luogo, fare solo ciò che la facoltà di ragionare e di governare suggerisce sia vantaggioso per l'umanità. In secondo luogo, essere aperto a cambiare opinione se qualcuno può dimostrare che si sbaglia e fornire un'alternativa migliore. Tuttavia, questo cambiamento di prospettiva deve avvenire solo quando c'è una forte convinzione, basata sulla giustizia, sul vantaggio comunitario e su fattori simili, e non solo per piacere personale o per guadagnare popolarità.

13. Liberate il potere della ragione: Perché ti stai trattenendo?

Avete una ragione? Ce l'ho. Allora perché non la usate? Se la ragione può svolgere il proprio compito, cos'altro desiderate?

14. Dall'esistenza all'essenza: La trasmutazione del nostro essere

Siete esistiti come parte e alla fine scomparirete nella fonte che vi ha creato. Tuttavia, sarete trasformati e ricondotti alla sua essenza originale attraverso la trasmutazione.

15. Il sacrificio dell'incenso: Una storia di chicchi caduti sull'altare

Su un altare vengono posti numerosi grani di incenso. Uno cade prima dell'altro, ma alla fine non ha importanza.

16. 10 giorni verso la divinità: Abbracciare la razionalità e trasformarsi da bestia a credente

In soli dieci giorni potete trasformarvi da semplici bestie e scimmie a esseri divini, secondo gli altri, se tornate alle vostre convinzioni fondamentali e abbracciate la razionalità.

17. Carpe Diem: Abbracciare la vita prima che la morte incomba

Non vivete come se aveste un'eternità. La morte incombe su di voi. Quindi, sfruttate al massimo i vostri giorni e sforzatevi di essere una brava persona finché siete in tempo.

18. Mantenere la rotta: Perché concentrarsi sulle proprie azioni è la chiave per evitare i problemi

Quanti problemi si possono evitare semplicemente concentrandosi sulle proprie azioni, senza preoccuparsi di osservare o giudicare quelle degli altri. Invece di scrutare i pensieri e le azioni del nostro prossimo, dovremmo cercare di ottenere purezza e correttezza nella nostra condotta. Come notava Agatone, invece di fissarci sulle mancanze morali degli altri, dovremmo rimanere fedeli ai nostri principi e mantenere la rotta.

19. Rifiutare l'immortalità: La follia di desiderare la fama postuma

Coloro che bramano la fama postuma non si rendono conto che tutti coloro che li ricordano alla fine moriranno. E anche coloro che verranno dopo di loro periranno, lasciando solo un ricordo distorto e sbiadito, tramandato da generazioni di sciocchi ammiratori. Anche se il ricordo è immortale e coloro che lo ricordano sono a loro volta immortali, che importanza ha per voi? E non sto chiedendo cosa significhi per i morti, ma piuttosto cosa significhi per i vivi. Qual è il valore della lode, se non la sua utilità limitata? Rifiutando il dono della natura e aggrappandosi a qualcos'altro, ci si nega la vera gioia di vivere.

20. La bellezza intrinseca: Perché la convalida e l'elogio non sono necessari per la vera bellezza

Tutte le cose che possiedono la bellezza sono intrinsecamente belle e non hanno bisogno di conferme o lodi esterne per dimostrare il loro valore. L'elogio o la critica non possono migliorare o sminuire la bellezza intrinseca di una cosa. Questo vale sia per le forme di bellezza comunemente riconosciute, come i beni materiali e l'arte, sia per concetti più astratti come la morale e le virtù.

La vera bellezza non ha bisogno di giustificazioni o affermazioni, proprio come le leggi, la verità, la benevolenza o la modestia. Nessuna di queste qualità è resa bella dalle lodi o condannata dalle critiche. Per esempio, uno smeraldo, un oro, un avorio, una porpora, una lira, un coltellino, un fiore o un arbusto non possono essere valutati o svalutati solo in base alle opinioni esterne su di loro. La loro bellezza è intrinseca e non richiede una convalida esterna.

21. Trasmutazione e trasformazione: Esplorare la persistenza di anime e corpi oltre la morte

Se le anime esistono davvero oltre la morte, come fanno a persistere nell'aria per l'eternità? E ancora, come fa la terra a contenere i corpi di coloro che sono stati sepolti da tempo? Qui la trasmutazione e la dissoluzione dei corpi lasciano spazio a nuovi corpi, così come le anime che si trasmutano e si diffondono nell'aria prima di assumere una natura di fuoco e unirsi all'intelligenza universale. Così, la terra e l'aria fanno spazio a nuovi corpi e anime. Questa è una possibile risposta a favore della permanenza dell'anima.

Ma dobbiamo anche considerare il gran numero di animali che noi e altre creature consumiamo quotidianamente, che in un certo senso sono anche sepolti dentro di noi. Tuttavia, il nostro corpo si adatta a questi cambiamenti, trasformandoli in sangue e infine in elementi aerei o di fuoco.

Qual è dunque la verità che si cela dietro questa questione? Sta nella distinzione tra la causa materiale e quella formale della forma.

22. Fondati sulla giustizia: La comprensione prima dell'azione

Rimanete con i piedi per terra e tenete presente la giustizia in ogni azione. Cercate sempre di capire la situazione prima di reagire.

23. Allineati con l'universo: Abbracciare l'abbondanza della natura e la città amata da Zeus

Tutto si sincronizza con me, che si sincronizza con te, o Universo. Niente è troppo presto o troppo tardi per me, se è tempestivo per te. Ogni frutto delle stagioni della natura è la mia ricchezza, o Natura. Tutte le cose vengono da te, riposano in te e ritornano a te. Il poeta può dire: "Mia bella città di Cecrops". Ma non possiamo anche dire: "La mia amata città di Zeus"?

24. Meno è meglio: Trovare la tranquillità attraverso la definizione delle priorità e l'eliminazione delle cose da fare

Il filosofo suggerisce che per raggiungere la tranquillità ci si dovrebbe concentrare su poche cose. Tuttavia, potrebbe essere meglio dare priorità a ciò che è necessario e a soddisfare le naturali esigenze sociali. Questo approccio non solo porta alla pace mentale che deriva dal fare bene, ma anche dal fare meno. La maggior parte di ciò che diciamo e facciamo non è necessaria e, eliminandola, possiamo godere di più tempo libero e meno stress. Pertanto, dovremmo esaminare costantemente le nostre azioni e chiederci: "È necessario?". Non è solo importante eliminare le azioni non necessarie, ma anche i pensieri non necessari per prevenire le azioni non necessarie successive.

25. Il potere della virtù: abbracciare una vita soddisfacente e compassionevole

Provate a vivere la vita di una persona virtuosa, che si accontenta della propria parte di mondo e che è orgogliosa delle proprie azioni giuste e della propria natura compassionevole.

26. Sbloccare i brevi momenti della vita: La chiave della ragione, dell'equità e della vita sensata

Avete visto questi oggetti? Guardate meglio. Non si preoccupi. Siate diretti. Se qualcuno sbaglia, si fa del male da solo. Vi è successo qualcosa? Ricordate che tutto ciò che è accaduto nell'universo vi è stato dato fin dall'inizio. In breve, la vita è breve. Usate la ragione e la correttezza per sfruttare al meglio ogni momento. Mantenere la ragionevolezza durante il tempo libero.

27. L'ordine nel caos: Navigare nella natura paradossale dell'universo

L'universo è ben organizzato o è solo un caos ammassato? Eppure, rimane un universo. Ma può esistere l'ordine in una parte e il disordine nell'insieme? Soprattutto quando tutto è separato, diffuso e connesso.

28. Pronti per la perfezione? Lasciatemi lucidare la vostra scrittura!

Un carattere nero, un carattere femminile, un carattere ostinato, bestiale, infantile, animale, stupido, contraffatto, scurrile, fraudolento, tirannico.

29. Disconnessi dall'universo: La responsabilità sociale della comprensione

Se qualcuno non sa cosa sta succedendo nell'universo, è un estraneo tanto quanto chi non sa cosa c'è dentro. Si evita la responsabilità sociale, ci si esclude dalla comprensione e si fa affidamento sugli altri per ciò di cui si ha bisogno per vivere. Ritirandosi dalla natura comune delle cose perché non gli piace ciò che sta accadendo, sono come un ascesso nell'universo. Ma quella stessa natura produce loro e tutto il resto, quindi è inutile resistere. Chi si stacca dal legame comune della ragione che unisce tutti gli animali è come un pezzo di tessuto strappato nello Stato.

30. Filosofi nudi: Scegliere la ragione al posto del materialismo

Il primo è un filosofo senza tunica, l'altro senza libro. E ora eccone un altro che è mezzo nudo. Non ho pane", dice, "ma ho scelto di vivere con la ragione". Non dipendo dalla mia istruzione per sopravvivere, ma piuttosto dal mio giudizio.

31. Abbracciare la propria arte modesta e navigare nella vita con libertà

Amate l'arte che avete imparato, per quanto modesta possa essere, e trovate soddisfazione in essa. Attraversate il resto della vita come chi ha affidato tutto ciò che possiede agli dei, senza diventare un tiranno o un servo di nessuno.

32. Riflessione sulle visioni del passato e lezioni per il futuro

Considerate i tempi di Vespasiano. Vedrete persone che si sposano, crescono figli, si ammalano, muoiono, fanno la guerra, banchettano, commerciano, coltivano, adulano, sono ostinatamente arroganti, sospettano, complottano, desiderano che gli altri muoiano, si lamentano del presente, amano, accumulano ricchezze, desiderano il potere politico. Tuttavia, questo stile di vita non esiste più. Spostiamoci ora ai tempi di Traiano. Si può dire lo stesso: anche quel modo di vivere è scomparso. Allo stesso modo, contemplate le diverse epoche e nazioni e osservate come, dopo grandi sforzi, molte si siano alla fine sgretolate e disperse nel nulla.

Ma soprattutto, riflettete su coloro che avete conosciuto personalmente, che si sono distratti per delle banalità e hanno trascurato di realizzare il loro vero scopo rimanendo soddisfatti di se stessi. Ricordate che l'attenzione a ogni compito ha il suo valore e il suo significato. Se vi limitate a ciò che è appropriato, non sarete insoddisfatti.

33. La fama sbiadita degli eroi: abbracciare la transitorietà del ricordo

Le parole un tempo conosciute sono ormai superate, così come i nomi di personaggi famosi come Camillo, Cesare, Volesus, Leonnatus, Scipio, Catone, Augusto, Adriano e Antonino. Tutte le cose passano e vengono dimenticate con il tempo. Anche coloro che hanno brillato di luce propria svaniscono nell'oscurità. Quando muoiono, vengono rapidamente dimenticati. Alla fine, che cos'è il ricordo eterno? Niente. Su cosa dovremmo invece concentrarci? Pensieri di giustizia, azioni sociali, parole veritiere e la volontà di accettare tutto com'è, come parte naturale della vita.

34. Abbracciare la tessitura del destino: Abbandonarsi al filo di Clotho

Sottomettetevi volontariamente a Clotho, una delle Parche, e permettetele di tessere il vostro filo in qualsiasi cosa scelga.

35. Ricordi fugaci: L'impermanenza dei ricordi della vita

Tutto è fugace, anche i ricordi stessi.

36. L'arte del cambiamento: Abbracciare la natura di trasformazione dell'universo

Osservate costantemente che ogni cosa subisce un cambiamento e allenatevi a riconoscere che la natura dell'universo favorisce la trasformazione delle cose esistenti e la creazione di nuove che vi assomigliano. In effetti, tutte le cose esistenti sono, in un certo senso, i semi di ciò che verrà dopo. Tuttavia, sembra che lei consideri solo i semi che vengono seminati nella terra o portati nel grembo materno: una visione molto semplicistica.

37. Abbracciare la mortalità: Raggiungere la chiarezza, la calma e la benevolenza prima che il tuo tempo sia scaduto

Presto morirete, e non siete ancora schietti, calmi, sicuri contro l'influenza nociva del mondo, benevoli verso tutti, né vedete la saggezza solo nell'azione giusta.

38. L'arte di governare: Svelare i principi, le preferenze e gli obiettivi degli uomini

Esaminare i principi che governano gli uomini, compresi quelli dei saggi. Individuare le cose che evitano e quelle che perseguono.

39. Il potere della percezione: Dove risiede veramente il male

Quello che voi considerate il male non risiede nel principio guida di qualcun altro o nei cambiamenti fisici che il vostro corpo subisce. Quindi, dove si trova? È nella parte di voi che ha il potere di decidere cosa sia il male. Non permettete a questa parte di formarsi tali opinioni e tutto andrà bene. Anche se il corpo fisico più vicino è ferito, bruciato, infiammato e in decomposizione, permettete alla parte che si forma opinioni su queste cose di rimanere calma. Lasciate che giudichi che tutto ciò che può accadere sia alle persone buone che a quelle cattive non può essere intrinsecamente buono o cattivo. Né vivere contro natura né vivere in accordo con la natura può produrre gli stessi risultati per entrambi i tipi di persone.

40. Il filo unificato: Alla scoperta dell'essenza singolare e dell'armoniosa interconnessione dell'universo

Considerate sempre l'universo come un'unica entità vivente, che possiede un'unica essenza e un'unica coscienza. Notate come tutte le cose siano interconnesse e collegate a questa percezione singolare e come tutto si muova all'unisono. Tutte le cose lavorano in armonia per portare all'esistenza di ogni altra cosa. Prestate attenzione anche alla tessitura senza soluzione di continuità del tessuto dell'universo e al flusso incessante dei suoi fili.

41. Il peso di essere un'anima piccola: spunti di riflessione da Epitteto

Siete una piccola anima che si porta dietro un corpo morto, come disse una volta Epitteto.

42. La natura paradossale del cambiamento: Perché rimanere uguali non è sempre positivo

Non è intrinsecamente negativo che le cose subiscano dei cambiamenti e non è intrinsecamente positivo che le cose continuino a esistere a causa di questi cambiamenti.

43. Cavalcare le rapide del tempo: il flusso inarrestabile degli eventi della vita

Il tempo può essere paragonato a un fiume che scorre veloce, composto da eventi. Non appena si osserva un evento, questo viene rapidamente spazzato via per essere sostituito da un altro. Questo flusso continuo è come una corrente violenta che non si ferma mai.

44. L'ineluttabile prevedibilità degli eventi della vita: Dallo sbocciare delle rose al pungere del tradimento

Tutti gli eventi sono prevedibili come lo sbocciare delle rose in primavera e la maturazione dei frutti in estate. Questo include le afflizioni, le morti, le calunnie, i tradimenti e qualsiasi altra circostanza che possa piacere o turbare gli ingenui.

45. Svelare la meravigliosa relazione degli eventi sequenziali

Nell'ordine degli eventi, quelli successivi sono sempre opportunamente collegati a quelli che li hanno preceduti. Non si tratta di un semplice elenco di elementi scollegati che seguono una sequenza necessaria, ma di un collegamento logico. Tutte le cose esistono in armonia e le nuove creazioni mostrano una meravigliosa relazione piuttosto che una semplice successione.

46. Risvegliare la mente: la saggezza di Eraclito e l'importanza del pensiero indipendente

Ricordate sempre la saggezza di Eraclito, che diceva che la terra si trasforma in acqua, l'acqua in aria e l'aria in fuoco e viceversa. Ricordate anche che molti dimenticano la loro destinazione finale e che spesso si litiga con la logica, che governa l'universo. Anche le cose che incontriamo ogni giorno possono sembrarci strane. Non dobbiamo quindi agire o parlare come se fossimo addormentati, perché anche nello stato di sonno agiamo e parliamo. Dobbiamo invece evitare di imitare i bambini che seguono ciecamente i genitori e pensare e agire con la nostra testa.

47. La differenza insignificante tra morire domani e morire dopo una vita intera

Se un dio vi dicesse che morirete domani o dopodomani, non vi importerebbe molto se invece fosse il terzo giorno, a meno che non vi manchi il coraggio. La differenza è trascurabile. Pertanto, è altrettanto insignificante morire dopo aver vissuto per molti anni rispetto a domani.

48. La natura fugace dell'esistenza umana: Un promemoria per vivere secondo natura

Ricordate continuamente quanti medici sono morti dopo aver aggrottato la fronte mentre assistevano i malati. Considerate il numero di astrologi che, nonostante le loro grandiose previsioni sulla morte degli altri, sono morti a loro volta. Pensate ai filosofi che hanno tenuto innumerevoli conferenze sulla morte e sull'immortalità e agli eroi che hanno ucciso migliaia di persone. Riflettete sui tiranni che, agendo come se fossero immortali, hanno esercitato il loro potere sulle vite degli altri con selvaggia insolenza. Pensate anche alle tante città che sono cadute nell'oblio: Helice, Pompei, Ercolano e innumerevoli altre.

Aggiungete a questo elenco tutti coloro che avete conosciuto e che sono morti, uno dopo l'altro. Per ogni persona che viene seppellita, presto ne seguirà un'altra, finché anche voi non soccomberete. Ricordate sempre la natura fugace e insignificante dell'esistenza umana. Ciò che ieri era solo flemma, domani sarà polvere o cenere.

Pertanto, vivete la vostra vita secondo natura e accontentatevi del breve viaggio. Come un'oliva matura che cade dall'albero, benedite la natura che vi ha generato e siate grati per la vita che avete vissuto.

49. Cavalcare le onde della vita: Resistenza e fortuna di fronte alle avversità

Siate come un promontorio roccioso che sopporta le onde che si infrangono su di esso, ma che rimane saldo e domina le acque tumultuose.

Se sono infelice per il fatto che mi sia capitato questo? Niente affatto. Piuttosto, sono contento, perché rimango libero dall'agonia, non sono schiacciato dal presente né ho paura del futuro. Questo sarebbe potuto accadere a qualsiasi uomo, ma non tutti lo sopporterebbero con tanta equanimità. Perché allora considerarla una disgrazia quando potrei vederla come una benedizione? E lei etichetta come disgrazia tutto ciò che non rientra nella natura dell'uomo? E qualcosa appare innaturale se non va contro la volontà della natura dell'uomo? Voi conoscete la volontà della natura. Questo incidente vi impedirà di essere giusti, coraggiosi, equilibrati, saggi, immuni da opinioni affrettate e da falsità? Vi toglierà la modestia, la libertà o qualsiasi altra caratteristica che appartiene alla natura dell'uomo? Ricordate questo principio in ogni occasione che vi angoscia: non è una miseria, ma un'occasione per mostrare una grande fortuna sopportandola con nobiltà.

50. L'illusione dell'immortalità: Perché una vita lunga non è tutto

Può essere crudo, ma è comunque una prospettiva utile per affrontare la morte riflettere su coloro che sono rimasti ferocemente aggrappati alla vita. Tuttavia, cosa hanno guadagnato in definitiva rispetto a coloro che sono morti prima? È probabile che giacciano da qualche parte in una tomba, come Cadiciano, Fabio, Giuliano, Lepido o altri che hanno impiegato molti per essere sepolti e sono stati portati fuori loro stessi. Il fatto è che la durata della vita tra la nascita e la morte è breve se si considera quanta fatica comporta, che tipo di persone si incontrano e le debolezze del corpo umano. Pertanto, la vita non dovrebbe essere valutata in modo eccessivo. Pensate invece all'immensa quantità di tempo che avete alle spalle e a quello sconfinato che vi aspetta. In questo infinito, cosa distingue chi vive tre giorni da chi vive tre generazioni?

51. Il potere della semplicità: Abbracciare il sano ragionamento per una vita senza problemi

Seguite sempre la via più breve, che di solito è la più naturale. Parlate e agite secondo un sano ragionamento. Questo vi libererà da lotte e conflitti inutili e da qualsiasi tipo di inganno o finzione.

LIBRO 5

— Sbloccare l'antica saggezza per la realizzazione

Prendete in mano la vostra vita! Esaminate i consigli degli antichi filosofi su come condurre una vita significativa e appagante. Abbracciate il valore della filosofia e vedete come essa fornisce conforto, speranza e scopo. Coltivate la ragione, il controllo emotivo e l'empatia. Onorate la massima autorità dell'universo e abbracciate il mondo naturale. Con questi strumenti, potrete vivere una vita soddisfacente e raggiungere i vostri obiettivi, anche di fronte alle avversità. È ora di iniziare a vivere la vostra vita migliore e ad avere un impatto positivo sul mondo.

1. Risvegliare il proprio scopo: abbracciare il lavoro che si allinea con la propria natura

Quando vi svegliate di malavoglia al mattino, ricordate a voi stessi che vi state alzando per realizzare il vostro scopo come esseri umani. Quindi, perché dovreste essere insoddisfatti quando state facendo ciò per cui siete stati messi al mondo? Siete stati creati per oziare a letto e stare al caldo? Forse è più comodo, ma è questo il vostro scopo? Esistete solo per cercare il piacere ed evitare lo sforzo? Guardate le piccole creature intorno a voi, le piante, gli uccelli, le formiche, i ragni e le api, che lavorano tutti insieme per mantenere l'equilibrio nell'universo. Non siete disposti a fare il lavoro che è in linea con la vostra natura? Certo, anche il riposo è necessario, ma anche questo ha dei limiti innati. Come per il mangiare e il bere, spesso andate oltre ciò che è sufficiente, ma quando si tratta di azioni, vi fermate al di sotto del vostro potenziale. Questo indica che non amate veramente voi stessi, perché se lo faceste, amereste la vostra natura e seguireste la sua volontà. Le persone che amano il proprio mestiere vi lavorano instancabilmente, senza cibo né riposo, ma voi non date alla vostra natura lo stesso valore che un tornitore dà al proprio mestiere, o un ballerino alla propria arte, o un amante del denaro alla propria ricchezza, o una persona vanitosa alla propria reputazione. Queste persone, quando hanno una forte passione per qualcosa, rinunciano persino a mangiare e a dormire per perfezionare il loro mestiere. Allora, perché considerate le azioni che vanno a beneficio della società come meno degne del vostro sforzo e del vostro tempo?

2. Raggiungere facilmente la pace totale: Evitare le impressioni negative in un attimo!

È così semplice allontanare e sradicare qualsiasi impressione fastidiosa o inadeguata e trovare immediatamente una pace completa.

3. Rimani fedele alla natura: Abbracciare il proprio sentiero unico e ignorare le critiche lungo il cammino

Valutate ogni frase e azione che si allinei con la natura per determinare se è adatta a voi. Non lasciatevi influenzare dalle critiche degli altri o dalle loro parole. Se qualcosa è degno di essere detto o fatto, non sminuite voi stessi squalificandolo. Ognuno ha un proprio principio guida e segue un percorso individuale. Non preoccupatevi delle loro vie. Continuate invece a percorrere il vostro sentiero naturale aderendo alla natura universale, poiché entrambi i sentieri sono allineati.

4. Dal seme al suolo: abbracciare il ciclo naturale della vita e della morte

Vivrò il corso naturale degli eventi fino a quando, alla fine, passerò e rilascerò il mio respiro nello stesso elemento da cui prendo regolarmente l'aria. Tornerò anche alla terra, quella stessa terra dove mio padre ha raccolto il seme, mia madre ha ottenuto il sangue e la mia nutrice mi ha fornito il latte. Questa terra mi ha nutrito con cibo e bevande per innumerevoli anni e ha persino sopportato il mio costante uso e abuso.

5. Oltre la brillantezza: Abbracciare le qualità che si possono controllare

Lei sostiene che gli uomini non possono apprezzare la brillantezza della sua mente. Bene, ma ci sono altre qualità che non potete negare siano sotto il vostro controllo. Mettete in mostra queste virtù: sincerità, gravità, perseveranza, resistenza agli eccessi, soddisfazione per ciò che avete, gentilezza, onestà, semplicità, magnanimità. Ci sono molti tratti che potete esibire facilmente, senza dare la colpa alle vostre capacità innate. Eppure, continuate a scegliere di vivere al di sotto del vostro potenziale. Date la colpa alla natura per la vostra tendenza a lamentarvi, ad aggrapparvi ai vostri beni, ad adulare, a criticare il vostro corpo e a cercare l'approvazione degli altri? No, avete il potere di cambiare. Se avete problemi di lentezza intellettuale, sforzatevi di migliorare. Non ignorate il problema e non trovate conforto nei vostri difetti.

6. Diventare un essere sociale: L'importanza di riconoscere la gentilezza e di evitare il debito

Una persona, dopo aver aiutato un'altra, può considerarlo un favore concesso e aggiungerlo al proprio conto. Un'altra può non dichiararlo come un favore, ma vede comunque l'altro come un debitore nella propria mente. E un altro ancora, come una vite che porta i suoi frutti, non registra nemmeno la buona azione. Proprio come un cavallo che corre o un'ape che produce miele, un uomo, una volta compiuto un atto gentile, non cerca un riconoscimento ma passa a un altro, come la vite che porta nuovi grappoli nella stagione.

Una persona dovrebbe quindi agire in questo modo inconsapevole? Sì. Ma è fondamentale prestare attenzione alle proprie azioni per riconoscere il proprio ruolo di essere sociale. Ma è fondamentale prestare attenzione alle proprie azioni per riconoscere il proprio ruolo di essere sociale e desiderare che anche gli altri lo vedano. Tuttavia, non lo capite bene e, se non lo fate, rischiate di diventare come coloro che sono stati citati prima, anche se pensate di avere delle buone ragioni. Ma se vi prendete il tempo di capire questa idea, non c'è bisogno di preoccuparsi di non riuscire a essere una persona sociale.

7. Zeus, fa' piovere: Una preghiera ateniese per un raccolto abbondante

Una preghiera ateniese: Zeus, caro Zeus, fa' che la pioggia cada sui campi arati e sulle pianure di Atene. Non dobbiamo pregare in modo eccessivo, ma piuttosto in modo diretto e dignitoso.

8. Accettare il nostro destino: Comprendere il significato delle azioni e degli eventi prescritti

Dobbiamo comprendere il significato di affermazioni come "Esculapio ha prescritto a quest'uomo l'esercizio con i cavalli, i bagni freddi o i piedi nudi" e "l'universo ha prescritto a quest'uomo malattie, mutilazioni o perdite". Nel primo caso, "prescritto" si riferisce a un'azione raccomandata a beneficio della salute dell'individuo. Nel secondo caso, significa che ciò che accade a una persona è predeterminato in modo da allinearsi al suo destino.

Proprio come gli operai usano il termine "adatto" quando incastrano le pietre squadrate in un muro o nelle piramidi, le cose che sono "adatte" a noi concordano con il nostro destino. L'universo è una composizione di tutti i corpi, ognuno con un destino, che formano un insieme coeso. Anche chi non è informato capisce quando diciamo che la "necessità" o il "destino" portano qualcosa a una persona - è stato prescritto per lei. Pertanto, dovremmo accettare ciò che ci accade perché è in linea con il nostro destino, proprio come accettiamo le cure sgradevoli di Esculapio nella speranza di migliorare la nostra salute.

Dobbiamo riconoscere che le cose ritenute buone e desiderabili dalla natura devono essere considerate importanti quanto la nostra salute e impegnarci per il loro completamento. Anche se si verifica qualcosa di spiacevole, dobbiamo accettarlo perché alla fine porterà alla prosperità e alla felicità dell'universo. Zeus, in quanto incarnazione dell'universo, non ci farebbe del male se non fosse per il nostro bene e per il bene dell'universo.

È sbagliato essere scontenti di ciò che ci accade perché è stato fatto per il nostro bene ed è intrecciato con il nostro destino. Inoltre, anche gli eventi che ci accadono individualmente contribuiscono alla perfezione e alla continuità dell'universo. Se rifiutiamo ciò che ci accade, turbiamo l'armonia e l'ordine dell'universo. Per questo motivo, dovremmo accettare tutto ciò che ci capita, per quanto possa sembrare sgradevole.

9. Abbracciare il viaggio della filosofia: Trovare la saggezza nel vacillare e allinearsi con la natura umana

Non siate disgustati, scoraggiati o insoddisfatti se non riuscite ad aderire ai principi giusti in tutto ciò che fate. Piuttosto, quando vacillate, tornate indietro e accontentatevi del fatto che la maggior parte delle vostre azioni sono in linea con la natura umana. Amate il sentiero su cui tornate e non trattate la filosofia come un maestro. Applicate invece i suoi insegnamenti come una persona con gli occhi doloranti applica una spugna inumidita o un cerotto. Così facendo, rimarrete fedeli alla ragione e troverete conforto in essa. Ricordate che la filosofia richiede solo cose in linea con la vostra natura, ma voi potreste desiderare qualcosa che va contro di essa. Potreste sostenere che ciò che state facendo vi piace, ma non è forse per questo che il piacere è ingannevole? Considerate se la magnanimità, la libertà, la semplicità, l'equanimità e la pietà non siano più piacevoli. Cosa c'è di più piacevole della saggezza stessa quando si contempla la sicurezza e la felicità che derivano dalla comprensione e dalla conoscenza?

10. La ricerca di un significato in un mondo di oscurità e cambiamento: Saggezza stoica sull'accettazione e l'auto-riflessione

I filosofi hanno trovato molte cose misteriose e difficili da capire, e persino i saggi stoici si sono scontrati con alcune di esse. È naturale che cambiamo le nostre opinioni, perché nessuno rimane sempre lo stesso. Ma se consideriamo la natura fugace e insignificante delle cose che apprezziamo, che potrebbero appartenere anche a un criminale o a una persona immorale, sembra inutile tenerle in grande considerazione. Anche i nostri simili, una volta esaminati da vicino, si rivelano imperfetti e difficili da sopportare. In questo mondo di oscurità, sporcizia e continui cambiamenti, è difficile trovare qualcosa che meriti davvero la nostra attenzione o la nostra ricerca.

Dobbiamo invece trovare conforto nell'accettare il corso naturale della vita e non farci turbare da ritardi o ostacoli. Possiamo basarci su due principi guida: primo, che tutto ciò che ci accade è in accordo con l'ordine naturale dell'universo; secondo, che abbiamo il potere di agire in armonia con la nostra natura e coscienza divina. Nessuno può costringerci a tradire questi principi e questo pensiero da solo dovrebbe portarci alla pace.

11. Riflettere sullo stato della mia anima: sono un bambino, un tiranno o una bestia selvaggia?

Cosa occupa la mia anima in questo momento? Devo pormi costantemente questa domanda e valutare lo stato del mio principio dominante. Quale anima sto incarnando in questo momento: quella di un bambino, di un giovane, di una donna debole, di un tiranno, di un animale domestico o di una bestia selvaggia?

12. Maggioranza e percezione individuale: Cosa definisce veramente il "bene

Possiamo imparare quali cose sono considerate buone dalla maggioranza semplicemente osservando. Se qualcuno crede in certe virtù come la prudenza, la temperanza, la giustizia, la forza d'animo, non prenderà in considerazione idee che contraddicano queste convinzioni. Tuttavia, se qualcuno inizialmente crede in ciò che la maggioranza considera buono, accetterà prontamente qualsiasi idea che si allinei con essa. Questo evidenzia le differenze di percezione tra le persone. Se così non fosse, non rifiuteremmo il detto che la ricchezza e il lusso portano alla felicità, pur accettandolo come spiritoso e calzante. Quindi, riflettiamo se dovremmo dare valore alle cose che le parole del fumettista possono descrivere in modo appropriato: che chi le possiede non ha un posto dove potersi sfogare a causa del puro eccesso.

13. Infrangibile: L'eterna evoluzione della forma e della materia

Sono composto sia di forma che di materia, che non scompariranno nell'inesistenza perché non sono state create dal nulla. Come risultato del cambiamento, ogni parte di me si trasformerà gradualmente in qualche altro aspetto dell'universo, e anche questo si evolverà continuamente in qualcos'altro per l'eternità. Come risultato di questo ciclo perpetuo, io e i miei antenati esistiamo e continueremo a esistere per sempre. Questa affermazione rimane vera, anche se l'universo può essere governato da specifici periodi di rotazione.

14. Liberare il potere della ragione e della filosofia: Catorthoseis e l'arte di agire correttamente

La ragione e la filosofia sono potenti di per sé, capaci di raggiungere gli obiettivi prefissati. Partono dai loro principi fondamentali e avanzano verso i loro obiettivi, da cui il termine "Catorthoseis" o atti giusti, che evidenziano che seguono il percorso corretto.

15. La vera natura dell'uomo: Perché i beni materiali non sono la chiave del successo

Nulla dovrebbe essere considerato come appartenente a un uomo se non è in accordo con la sua vera natura di uomo. Queste cose non sono né necessarie né promesse dalla sua natura, né sono essenziali per raggiungere il suo scopo ultimo. Pertanto, il fine dell'uomo non risiede in queste cose e ciò che sostiene questo fine è ciò che è veramente buono. Inoltre, se una di queste cose appartenesse all'uomo, sarebbe sbagliato per lui disprezzarla e lavorare contro di essa. Un uomo non può essere lodato per essersi volontariamente privato di queste cose, né può essere considerato buono se se ne astiene. Tuttavia, quanto più un uomo si distacca da queste cose, o da cose simili, e sopporta pazientemente la perdita, tanto migliore è l'uomo.

16. Tingere la mente di positività: Come le vostre abitudini plasmano il vostro essere interiore

I pensieri abituali plasmano il carattere della mente, poiché l'anima è colorata da essi. Pertanto, lasciate che la vostra mente si tinga di un flusso continuo di pensieri positivi, come ad esempio che se una persona può vivere in un posto, può anche vivere bene lì. Se una persona vive in un palazzo e può vivere bene, allora può vivere bene anche in una residenza meno sfarzosa.

Inoltre, ricordate che ogni cosa ha uno scopo per cui è stata creata e si muove verso quello scopo. L'obiettivo finale è il vantaggio e il bene di ogni cosa. Per un essere ragionevole, come l'uomo, la società è l'obiettivo finale, perché siamo fatti per questo, come abbiamo detto prima.

Infine, è evidente che le cose inferiori esistono per quelle superiori. Gli esseri viventi sono superiori a quelli non viventi e, tra gli esseri viventi, quelli dotati di ragione sono i più superiori.

17. La follia di inseguire l'impossibile: L'inevitabile ricerca del malvagio

Cercare l'impossibile è da sciocchi ed è inevitabile che i malvagi si comportino così.

18. Infrangibile: Il potere della forza d'animo per affrontare le sfide della vita

Non c'è nulla che possa accadere a una persona che non rientri nella sua naturale capacità di sopportazione. Altri possono subire gli stessi eventi, eppure possono rimanere indenni, o perché non li riconoscono o perché hanno la forza di resistere. È davvero un peccato che la presunzione e la mancanza di conoscenza spesso prevalgano sul buon senso.

19. L'anima indistruttibile: immunizzata contro le influenze delle circostanze della vita

L'anima non è influenzata dalle cose stesse, nemmeno un po'. Le cose non possono entrare o influenzare l'anima, né possono manipolarla o influenzarla. L'anima ha il potere di girare e muoversi da sola, e ogni giudizio che ritiene appropriato si basa sulla propria percezione delle cose che le vengono presentate.

20. Superare gli ostacoli: Come l'uomo e la natura plasmano il successo

Da un certo punto di vista, gli esseri umani sono gli esseri più vicini a me, perché devo fare il bene e tollerarli. Tuttavia, se alcuni individui ostacolano le mie azioni giuste, diventano entità neutre, come il sole, il vento o gli animali selvatici. Sebbene questi elementi possano ostacolare le mie azioni, non influiscono sulle mie emozioni o sul mio carattere, che possiedono la capacità di agire in modo adattivo e di modificarsi di conseguenza. La mente trasforma ogni ostacolo in un vantaggio per le sue operazioni. Così, le barriere diventano porte d'accesso al progresso e gli ostacoli diventano un percorso verso il successo.

21. Il potere interiore: Rispettare la qualità suprema che guida e dirige la vostra vita

Rispettate la qualità suprema dell'universo, che utilizza e guida tutte le cose. Allo stesso modo, rispettate la qualità suprema in voi stessi, che è della stessa natura. Perché anche in voi stessi, questa è la forza che utilizza tutto il resto e dirige la vostra vita.

22. Garantire un impatto positivo: Il potere delle linee guida per la tutela dei cittadini e dello Stato

Se qualcosa non ha un impatto negativo sullo Stato, non avrà nemmeno un impatto negativo sui cittadini. Ogni volta che sembra che ci sia un danno, usate questa linea guida: se non danneggia lo Stato, non danneggerà me. Tuttavia, se c'è un danno allo Stato, non arrabbiatevi con il responsabile. Piuttosto, aiutatela a capire dove ha sbagliato.

23. L'illusione della permanenza: Perché dovremmo smettere di essere tormentati dalle cose effimere

Spesso si pensa alla velocità con cui le cose passano e scompaiono, sia quelle che esistono sia quelle che nascono. La sostanza è come un fiume che scorre continuamente, e le attività delle cose cambiano continuamente, con cause che operano in infinite variazioni. Non c'è quasi nulla che rimanga costante. Considerate l'immensa distesa del passato e del futuro, in cui tutte le cose finiscono per svanire, proprio qui accanto a voi. Non è sciocco gonfiarsi o tormentarsi per queste cose fugaci, rendendosi infelici? Vi preoccupano solo per un breve periodo di tempo.

24. La sorprendente consapevolezza della nostra insignificanza nell'universo

Considerate la sostanza dell'universo, di cui possedete una minuscola frazione; l'estensione del tempo, di cui vi è stato concesso un breve e fugace momento; il potere immutabile del destino e la vostra insignificanza rispetto ad esso.

25. Lasciare che l'Universo prenda il timone: Abbracciare il controllo e lasciare andare i rancori

Se qualcuno mi fa un torto, può occuparsene da solo. Hanno la loro personalità, il loro programma. Attualmente ricevo solo ciò che l'universo intende per me e agisco secondo i miei desideri.

26. Padronanza dell'anima: come controllare le sensazioni fisiche e abbracciare le connessioni naturali senza giudizio

Mantenete la parte della vostra anima che guida e governa, indisturbata dalle sensazioni fisiche di piacere o dolore. Non lasciatele fondersi con esse, ma controllatele e confinatele entro i loro confini. Tuttavia, quando queste sensazioni influenzano la vostra mente in virtù della connessione naturale che esiste nel vostro corpo, non cercate di resistere, perché è naturale. Ma non permettete alla parte dominante della vostra anima di giudicare queste sensazioni come buone o cattive.

27. Vivere la vita con gli dei: trovare la comprensione e la ragione come guardiani e guide

Vivere la vita con gli dei. Si vive veramente con loro quando si dimostra costantemente di essere soddisfatti del percorso assegnato e si soddisfano i desideri della coscienza. Zeus ha donato a ogni individuo una parte di sé che funge da custode e guida, nota come comprensione e ragione.

28. Affrontare i cattivi odori: Come risolvere i problemi di igiene personale senza conflitti

Siete arrabbiati con qualcuno le cui ascelle emanano un odore sgradevole? O con qualcuno il cui alito puzza? Chiedetevi a cosa serve la rabbia. È inevitabile che tali emanazioni provengano da queste parti del corpo. Tuttavia, l'individuo possiede la ragione. Si può sostenere che, se si sforza, può percepire la fonte del problema. Spero che possiate trovare una soluzione. Se razionalizzate con lui, potete stimolare il suo ragionamento e aiutarlo a riconoscere il suo errore. Consigliandolo, potrete eliminare il problema senza ricorrere alla rabbia.

29. Vivere alle proprie condizioni: Prendere il controllo della propria vita prima che sia troppo tardi

Poiché avete intenzione di vivere quando non sarete più presenti su questa terra, è sotto il vostro controllo vivere in questo modo adesso. Tuttavia, se gli altri non vi permettono di farlo, allora allontanatevi dalla vita, ma in un modo che non vi danneggi. Se la casa è piena di fumo, la lascio. Perché dovresti percepire questo come un ostacolo? Se nulla di simile mi costringe ad andarmene, resto liberamente e nessuno può impedirmi di fare ciò che desidero, cioè agire secondo la natura di un essere razionale e sociale.

30. L'universo intelligente e sociale: Orchestrare magistralmente le sue componenti complementari

L'universo è intelligente e opera in modo sociale. Ha creato le cose meno importanti per servire il bene maggiore e ha progettato le cose più importanti per completarsi a vicenda. Si può osservare come ha disposto, organizzato e distribuito ogni cosa al suo giusto posto e ha armonizzato le cose migliori tra loro.

31. Riflettere su una vita di rispetto e gentilezza: Avete vissuto una vita irreprensibile?

Avete trattato con rispetto gli dei, i vostri genitori, fratelli, figli, insegnanti, custodi, amici, parenti e schiavi? Riflettete se avete trattato tutti in modo tale da far dire agli altri: "Non hanno mai fatto torto a nessuno né con le parole né con le azioni". Ricordate le sfide che avete affrontato e la capacità di recupero che avete dimostrato. La storia della vostra vita è completa e il vostro servizio è terminato. Pensate alle cose belle di cui siete stati testimoni, ai piaceri e ai dolori che avete sopportato e alle cose onorevoli che avete rifiutato. Pensate a quante persone scortesi avete mostrato gentilezza.

32. La battaglia della conoscenza: Perché gli ignoranti si scontrano con gli esperti

Perché gli individui non qualificati e ignoranti disturbano coloro che possiedono competenza e comprensione? Quale anima possiede tale attitudine e conoscenza? Quella che comprende l'inizio e la fine, che comprende la causa che permea tutta la materia e che governa l'universo attraverso periodi di tempo stabiliti.

33. Una ricerca vuota: Perché i nostri valori sono privi di significato di fronte alla mortalità

Presto, molto presto, vi trasformerete in cenere o in uno scheletro, ridotti a nient'altro che un nome o forse nemmeno quello. I nomi sono solo suoni ed echi. Le cose che apprezziamo nella vita sono prive di significato, marce e insignificanti, come i cagnolini che si mordono l'un l'altro o i bambini che bisticciano, ridono e poi piangono. La lealtà, la decenza, la giustizia e la verità sono scomparse.

Allora, perché vi soffermate ancora qui, quando le cose che potete toccare e vedere sono in continuo mutamento, i vostri sensi sono inaffidabili e la vostra anima è solo un sottoprodotto del vostro stato fisico? Avere una buona reputazione in un mondo come questo è una conquista vuota. Perché non aspettare che arrivi il vostro momento in pace, per cessare di esistere o per trasferirvi su un altro piano di esistenza? Fino ad allora, di cosa avete bisogno? Non dovreste venerare e ringraziare gli dei, compiere buone azioni per i vostri simili e coltivare la pazienza e l'autocontrollo? E tutto ciò che va oltre la portata della fragile carne e del respiro che possedete non è vostro o sotto il vostro controllo.

34. Il sentiero per una vita costantemente felice: Scelte consapevoli e principi condivisi da Dio e dagli esseri umani

È possibile condurre una vita costantemente felice seguendo il percorso corretto e compiendo scelte e azioni consapevoli. Questi principi sono condivisi sia dall'anima di Dio che dalle anime degli esseri umani e di tutti gli esseri razionali. Essi includono la capacità di evitare di essere ostacolati dagli altri e la convinzione che la giustizia e la sua attuazione siano i principi fondamentali dell'essere buoni. Anche i vostri desideri dovrebbero essere in linea con questo codice morale.

35. Perché dovresti essere preoccupato: Comprendere l'impatto delle azioni sbagliate individuali sul bene comune

Se questo non deriva da una mia azione sbagliata e non danneggia il benessere generale, perché dovrei sentirmi turbato? Qual è il danno per il bene comune?

36. Oltre le apparenze: Aiutare gli altri e coltivare la fortuna

Assicuratevi di non agire in modo avventato basandovi solo sulle apparenze. Assistete invece gli altri in base alle vostre capacità e alle loro esigenze. E se hanno subito perdite per questioni di poca importanza, non consideratele un danno vero e proprio: è una mentalità sbagliata.

Quando sei in piedi sulla Rostra, hai dimenticato ciò che conta davvero? Certo, per queste persone potrebbe essere una cosa importante, ma vale la pena di rendersi ridicoli per questo? Un tempo ero un individuo fortunato, ma ora non ho più la stessa fortuna. Non so come sia successo. Ma essere fortunati significa aver coltivato una buona fortuna: un atteggiamento positivo, sentimenti ottimistici e azioni virtuose.

LIBRO 6

— Aprite il vostro cammino verso la realizzazione

Abbracciate la benevolenza dell'universo! Accettate l'ordine naturale delle cose e accontentatevi del momento presente. Ricordate che la vita è transitoria, quindi fate in modo che ogni momento sia importante. Vivere con uno scopo e un significato, affrontando le sfide della vita con virtù e gentilezza. Riconoscere l'interconnessione di tutte le cose e coltivare l'apprezzamento per il mondo naturale. Rispettare l'ambiente e tutto ciò che lo chiama casa. Dare priorità alla conoscenza, alla ragione e alla ricerca intellettuale. Cercate la saggezza di grandi filosofi e leader e applicate i loro insegnamenti alla vostra vita quotidiana. Avete il potere di avere un impatto positivo sul mondo. Usate questo potere con saggezza e vivete una vita di cui potete essere orgogliosi!

1. Armonia nell'universo: Come l'obbedienza e la razionalità governano senza malizia

La sostanza dell'universo è obbediente e compiacente. La ragione che governa non ha motivo di fare il male, poiché non ha intenzioni malvagie e non danneggia nulla. Tutte le cose sono create e perfezionate secondo questa razionalità.

2. Concentrarsi sull'adesso: Come abbandonare le distrazioni e dare il meglio di sé

Non preoccupatevi se sentite freddo o caldo mentre fate il vostro dovere. E non preoccupatevi se vi sentite assonnati o ben riposati. Non badate se la gente vi parla male o vi elogia. E che stiate morendo o facendo qualcos'altro, non ha molta importanza. Perché morire è solo una delle cose che facciamo nella vita. Quindi concentratevi solo sul fare del vostro meglio in qualsiasi cosa stiate facendo ora.

3. Liberare il proprio potenziale interiore: Abbracciare la distintività in voi stessi e negli altri

Cercate dentro di voi e non lasciate che la natura o il valore distintivo di qualcosa vi sfugga.

4. L'inevitabile annientamento: Come il cambiamento porta alla disintegrazione e alla trasformazione

Tutto ciò che esiste subisce inevitabilmente dei cambiamenti, che portano all'annientamento finale, con la disintegrazione o la trasformazione in vapore - partendo dal presupposto che tutta la materia è fondamentalmente uguale.

5. Comprendere la ragione di governo: Decifrare la disposizione, le azioni e il materiale

La ragione che governa comprende la propria disposizione, le proprie azioni e il materiale che utilizza.

6. Spezzare il ciclo: Perché la vendetta non è la soluzione

Il modo più efficace per vendicarsi è non emulare la parte offesa.

7. Trovare la pace interiore: Come tenere a mente Dio durante le transizioni sociali può portare piacere

Godetevi qualcosa e trovate pace in esso. Quando passate da un'attività sociale all'altra, tenete presente Dio.

8. Empowerment attraverso la trasformazione: Il Principio Guida che modella e influenza le percezioni

Il principio guida è quello che si agita e si trasforma attivamente. Mentre si modella nella forma desiderata, percepisce anche tutti gli eventi in accordo con la sua volontà.

9. Il piano perfetto della natura: Come si realizza tutto nell'universo

Ogni cosa nell'universo si realizza in conformità alla sua natura. Ogni cosa si realizza in un modo che non è in accordo con nessun'altra natura, sia che si tratti di una natura compresa esternamente, sia che si tratti di una natura compresa all'interno di questa natura, sia che si tratti di una natura esterna e indipendente da questa.

10. L'universo: Caos o ordine? Perché è importante per le vostre convinzioni

L'universo o è caotico, con le cose aggrovigliate e disperse, o è un sistema coeso e ordinato guidato dalla provvidenza. Se è la prima, perché dovrei preoccuparmi di un miscuglio disordinato di cose e di un tale disordine? Perché dovrei preoccuparmi di qualcosa di diverso dal diventare un tutt'uno con la terra alla fine? E perché dovrei essere ansioso quando la dispersione dei miei elementi è inevitabile, qualunque cosa io faccia? D'altra parte, se quest'ultima ipotesi è vera, allora ho riverenza e fiducia in colui che governa e rimango fermo nelle mie convinzioni.

11. Riprendere il controllo: come riconnettersi con se stessi nei momenti difficili

Quando le circostanze vi hanno costretto a essere disturbati, riconnettetevi immediatamente con voi stessi. Non lasciate che la disarmonia persista oltre la durata della costrizione. Con uno sforzo costante per ripristinare l'armonia, otterrete un maggiore controllo su di essa.

12. Filosofia: La matrigna in tribunale, la madre nella vita

Se aveste sia una matrigna che una madre, dovreste rispettare la vostra matrigna, ma tornereste sempre da vostra madre. Considerate la filosofia e il tribunale allo stesso modo, come matrigna e madre. Rifugiatevi spesso nella filosofia e trovate pace in lei, in modo che ciò che affrontate in tribunale vi sembri sopportabile e possiate apparire ammirevoli agli occhi del tribunale.

13. Smascherare le illusioni: Vedere oltre la superficie degli oggetti

Quando ci viene presentata la carne o altri alimenti, spesso li percepiamo come semplici resti senza vita di animali. Allo stesso modo, consideriamo il vino come semplice succo d'uva e i vestiti come lana di pecora tinta con sangue di crostacei. Queste percezioni penetrano negli oggetti stessi, permettendoci di vederli per quello che sono veramente.

Nel corso della nostra vita, dovremmo sforzarci di affrontare tutte le cose con lo stesso livello di scrutinio. Anche gli oggetti che sembrano più degni delle nostre lodi e della nostra attenzione dovrebbero essere esaminati da vicino, togliendo tutti i loro riconoscimenti per rivelare la loro vera inutilità. È fin troppo facile lasciarsi ingannare dalle apparenze esteriori e anche le attività apparentemente più preziose possono alla fine ingannarci.

Consideriamo, ad esempio, la saggezza di Crates quando parla dello stesso Xenocrate.

14. La gerarchia dell'ammirazione: Dalle pietre alle anime razionali

La maggior parte delle cose che suscitano l'ammirazione delle masse sono quelle di natura più generale, come le pietre, il legno, i fichi, le viti e gli ulivi, che sono tenuti insieme dalla coesione o dall'organizzazione naturale. Tuttavia, coloro che possiedono un po' più di ragione tendono ad ammirare le creature viventi come le greggi e le mandrie. Inoltre, coloro che sono altamente informati amano le cose che sono tenute insieme da un'anima razionale, ma non un'anima qualsiasi, solo una che sia abile in qualche arte o competenza, o semplicemente razionale in termini di avere un gruppo di schiavi. Tuttavia, coloro che apprezzano un'anima razionale e universale, adatta alla vita politica, non hanno a cuore nient'altro che questo. Danno la priorità a mantenere la loro anima in uno stato d'essere e di prestazione in linea con la ragione e le norme sociali, e lavorano con individui che condividono valori simili.

15. Abbracciare la transitorietà della vita: Trovare valore nel cambiamento costante

Molte cose nascono e altre muoiono, e anche tra quelle appena nate, alcune sono già morte. Il mondo è in continuo cambiamento e movimento, così come il tempo scorre senza fine e si rinnova. In questo flusso in continua evoluzione, cosa c'è che si apprezza di più? Sarebbe come innamorarsi di un passero di passaggio che scompare rapidamente dalla vista. Questa è la natura della vita per ogni persona, come l'espirazione del respiro e l'inspirazione dell'aria. Come inspiriamo ed espiriamo ogni momento, così riceviamo il potere della respirazione alla nascita, per poi restituirlo all'elemento da cui l'abbiamo attinto.

16. Oltre la fama e i beni materiali: Il vero valore dell'istruzione e dell'apprendimento

La traspirazione nelle piante e la respirazione negli animali, sia domestici che selvatici, non sono da valorizzare, così come non lo è la mera ricezione di stimoli sensoriali o l'essere mossi da desideri come marionette su fili o il radunarsi in branchi, o anche il semplice nutrirsi di cibo - perché questo è simile allo scartare rifiuti. Che cosa ha veramente valore nella vita? L'applauso degli altri? La risposta è no. L'elogio degli altri, per la maggior parte, è solo un battere di lingua. Quindi, se non vale la pena lottare per la fama, che cosa vale veramente la pena valorizzare? A mio avviso, è imparare a muoversi e a controllarsi secondo la propria vera natura, che può essere raggiunta attraverso tutte le attività e i mestieri. Ogni mestiere mira a rendere la sua creazione più adatta allo scopo che si prefigge; il vignaiolo coltiva l'uva per produrre vino pregiato; l'addestratore di cavalli insegna l'obbedienza alle bestie da soma; e l'addestratore di cani addestra i cani a svolgere compiti specifici. Questo concetto di raggiungimento dell'eccellenza, adattato alla propria natura, è anche alla base dell'educazione e dell'insegnamento. Riconoscere questo è il vero valore dell'educazione e dell'apprendimento, ed è sufficiente a soddisfare i propri bisogni. Concentrandosi su questo ideale, ci si può liberare dal desiderio di altri beni esterni che non sono veramente essenziali per la felicità. Si eviterebbe anche di essere invidiosi, gelosi o insicuri dei beni altrui e di tramare per possederli a propria volta. Rispettando e onorando la propria mente, si può trovare l'appagamento, l'armonia con la società e l'accordo con gli dei e accettare tutti i doni e gli ordini che provengono da loro, senza lamentarsi.

17. Svelare la progressione divina della virtù in mezzo al movimento caotico

Ovunque intorno a noi, gli elementi sono in costante movimento, in alto, in basso e tutt'intorno. Tuttavia, l'essenza della virtù non si trova in nessuno di questi movimenti. La virtù è di natura più divina, avanza silenziosamente lungo un percorso che spesso passa inosservato, ma procede con grazia e facilità.

18. L'ossessione peculiare: Cercare la convalida delle generazioni future

Il comportamento degli uomini è piuttosto singolare! Invece di mostrare gratitudine verso i loro contemporanei, cercano conferme dalle generazioni future che non avranno mai la possibilità di incontrare. Danno molta importanza al fatto di essere lodati da persone che non hanno mai visto e che non vedranno mai. Eppure, questo è simile al sentirsi infastiditi dal fatto che le persone che in passato non vi hanno apprezzato.

19. Credere nelle proprie capacità: Superare le sfide e raggiungere il successo

Se qualcosa è difficile da realizzare per voi da soli, non credete che sia impossibile per l'umanità. D'altra parte, se qualcosa è realizzabile dalle persone e si allinea con le nostre caratteristiche innate, abbiate fiducia che anche voi possiate raggiungerlo.

20. Perdonare i compagni di ginnastica: Come gli incidenti minori possono insegnarci a lasciar andare la rabbia e l'evitamento

Nella ginnastica, immaginate che un uomo vi abbia accidentalmente graffiato con le unghie o colpito alla testa, provocandovi una ferita. Nonostante il danno, non dobbiamo manifestare rabbia, offenderci o considerarlo una persona infida. Al contrario, dobbiamo rimanere cauti nei suoi confronti, non come un nemico o con sospetto, ma semplicemente evitandolo. Allo stesso modo, lasciate che questo atteggiamento guidi il vostro comportamento in tutti gli altri aspetti della vita. Così come in palestra non badiamo a piccoli incidenti con i nostri sparring partner, dovremmo imparare a perdonare e a non badare a molte cose in coloro che sono come i nostri avversari. Ricordate che abbiamo il potere di farci da parte e di evitare qualsiasi sentimento negativo nei loro confronti.

21. Apertura mentale: Disponibilità a imparare e ad accettare la verità

Se qualcuno può convincermi e dimostrarmi che non sto pensando o agendo correttamente, sono disposto a cambiare. Il mio obiettivo è scoprire la verità, perché non danneggia mai nessuno. Tuttavia, coloro che rimangono nei loro errori e nella loro mancanza di conoscenza sono quelli che soffrono.

22. Legati al dovere: Risolutezza incrollabile verso lo scopo della vita

Compio il mio dovere e non mi preoccupo di nient'altro. Ciò che non possiede vita o ragione, o che si è smarrito senza direzione, non mi preoccupa.

23. Trovare un equilibrio tra generosità e grazia sociale: Interagire con animali, oggetti e persone

Per quanto riguarda gli animali e gli oggetti inanimati, usateli con generosità e spirito liberale, poiché sono privi di ragione. Tuttavia, quando interagite con gli esseri umani, che possiedono la ragione, adottate un approccio sociale. Ricordate di invocare gli dèi in ogni circostanza e non preoccupatevi della durata: anche tre ore sono sufficienti.

24. Un destino comune: Il destino comune di Alessandro di Macedonia e del suo mulattiere in Morte

Alessandro di Macedonia e il suo mulattiere subirono lo stesso destino con la morte. O sono stati accolti negli stessi principi fondamentali dell'universo, o i loro atomi sono stati ugualmente dispersi.

25. La creazione simultanea del cosmo: Esplorare la connessione tra corpo, anima e universo

Pensate a tutte le cose che avvengono contemporaneamente in noi, sia nel corpo che nell'anima. Tenendo presente questo, non sorprende che tutto ciò che esiste nell'universo, quello che chiamiamo Cosmo, nasca tutto insieme.

26. La compostezza è fondamentale: Come adempiere alle responsabilità senza essere disturbati

Se qualcuno vi chiedesse come si scrive il nome Antonino, pronuncereste ogni lettera con voce sforzata? E se si arrabbiasse, vi arrabbiereste anche voi? Oppure rimarreste composti e fareste lo spelling di ogni lettera con calma? Allo stesso modo, nella vita, ricordate che ogni responsabilità è composta da alcune azioni che è vostro dovere compiere. Dovete portare a termine queste azioni con compostezza, senza disturbarvi o mostrare rabbia nei confronti di chi potrebbe essere arrabbiato con voi. Continuate ad andare avanti e portate a termine il compito che vi è stato assegnato.

27. Lasciateli imparare: I pericoli di negare agli uomini la possibilità di perseguire il loro io migliore

È crudele negare agli uomini la possibilità di perseguire ciò che ritengono adatto e vantaggioso per la loro natura! In un certo senso, arrabbiandovi quando sbagliano, li private di questa ricerca. Sono naturalmente attratti da ciò che credono possa essere utile per loro, ma la loro percezione potrebbe non essere in linea con la realtà. Invece di arrabbiarvi, insegnate loro e guidateli, illuminate la loro comprensione.

28. Oltre la tomba: Abbracciare la liberazione definitiva dal mondo materiale

La morte segna la fine delle percezioni sensoriali, la cessazione dei desideri e del funzionamento razionale della mente, nonché l'abbandono degli attaccamenti mondani.

29. La resa dell'anima: Perché il corpo ci supera

È un peccato che l'anima sia la prima ad arrendersi nella vita, mentre il corpo persevera.

30. Essere un discepolo virtuoso: abbracciare la giustizia e la devozione evitando la corruzione di Cesare

Fate attenzione ad evitare di diventare come Cesare o di essere contaminati dai suoi modi corrotti, perché è un evento fin troppo comune. Sforzatevi invece di essere sinceri, virtuosi e genuini. Liberatevi da qualsiasi comportamento corrotto, abbracciando la giustizia e la devozione al divino. Siate gentili, amorevoli e laboriosi in tutte le cose nobili. Rimanete saldi nella ricerca di tutte le virtù che la filosofia vi ha insegnato e cercate sempre di servire sia gli dei che i vostri simili. Ricorda sempre di vivere come un discepolo di Antonino, attenendoti ai suoi tratti caratteriali esemplari: la sua costanza, il suo raziocinio, la sua spiritualità, il suo volto e il suo atteggiamento gentile, il suo disinteresse per la fama, il suo desiderio di capire tutto, le sue valutazioni attente e approfondite, la sua capacità di tollerare le critiche infondate e di rispettare le opinioni altrui, la sua riluttanza ad agire con noncuranza, la sua resistenza ai pettegolezzi, la sua acuta consapevolezza del comportamento e delle maniere, la sua mancanza di inclinazione a criticare o a giudicare gli altri, il suo coraggio e la sua pazienza, il suo senso di modestia nelle richieste e la sua capacità di tenere sotto controllo se stesso senza fare affidamento su aiuti estranei. Cercate di seguire le sue orme in modo che, quando si avvicinano le vostre ultime ore, possiate affrontarle anche voi con la sua stessa lucidità.

31. Svegliarsi alla realtà: Il potere della prospettiva nel distinguere i sogni dalla vita

Ritornate alla realtà e scatta la molla. Una volta che vi sarete svegliati e vi sarete resi conto che quelli erano solo sogni che vi disturbavano, guardate ciò che vi circonda nello stesso modo in cui avete visto quei sogni.

32. Il paradosso del controllo: Navigare tra i limiti dell'anima e del corpo

Sono composto da un corpo fisico e da un'anima. Il mio corpo fisico non è in grado di distinguere le differenze tra le cose, ma la mia comprensione sì. Tutto ciò che non è stato creato dalle mie azioni è considerato indifferente dalla mia comprensione. Tuttavia, tutto ciò che è il risultato delle mie azioni è sotto il mio controllo. Tuttavia, solo le azioni compiute al momento sono veramente sotto il mio controllo. Le azioni della mia mente nel passato e nel futuro sono considerate indifferenti nel momento presente.

33. Abbracciare il lavoro nella nostra natura: Comprendere l'armonia tra lavoro ed essere umano

Non c'è nulla di innaturale nel lavoro delle mani o dei piedi, se ciascuno svolge il proprio compito. Allo stesso modo, non c'è nulla di intrinsecamente sbagliato nel lavoro di una persona se è in linea con le sue capacità e i suoi doveri di uomo. Se il lavoro di una persona non è in conflitto con la sua natura, allora non può essere considerato intrinsecamente cattivo o dannoso.

34. Esplorare il lato oscuro del piacere: le indulgenze di rapinatori, parricidi e tiranni

Quanti piaceri si sono concessi i ladri, i parricidi e i tiranni.

35. La peculiarità della ragione umana: Un confronto con l'artigianato

Non notate come gli artigiani adattino il loro lavoro a chi non è abile nel loro mestiere, pur attenendosi ai principi del loro mestiere e rifiutandosi di discostarsene? Non è forse singolare che gli architetti e i medici mostrino più rispetto per i principi delle loro rispettive professioni di quanto gli uomini facciano per la loro stessa ragione, che è condivisa con gli dèi?

36. Prospettiva nell'universo: Dal Monte Athos ai serpenti velenosi

L'Asia e l'Europa non sono che semplici angoli del vasto universo, mentre tutti i mari non sono che gocce nella sua infinita estensione. Anche il grande Monte Athos è solo una piccola zolla nel grande schema delle cose. Quanto al tempo presente, non è che un momento fugace nella vastità dell'eternità.

Tutte le cose, grandi o piccole che siano, sono soggette al cambiamento e all'impermanenza. Tutte hanno origine dallo stesso potere universale, direttamente o indirettamente. Così, anche le fauci feroci del leone, il veleno dei serpenti e persino le cose dannose come le spine e il fango non sono altro che sottoprodotti del magnifico e dello splendido.

Pertanto, non scambiateli per diversi o inferiori a ciò che venerate. Piuttosto, formatevi un'opinione giusta e imparziale sulla fonte di ogni cosa nell'universo.

37. La verità ultima: testimoniare il presente svela i segreti dell'eternità

Chi è testimone del presente ha visto tutto, compreso tutto ciò che è avvenuto nell'eternità e tutto ciò che avverrà per sempre. Questo perché tutte le cose sono collegate e condividono una forma comune.

38. La danza armoniosa dell'interconnessione: Come l'unità dell'universo crea un ambiente più amichevole

Considerate l'interconnessione di tutte le cose nell'universo e le loro relazioni reciproche. Tutte le cose sono collegate e interconnesse e questo crea un ambiente amichevole. Il movimento attivo, l'accordo reciproco e l'unità di sostanza sono le ragioni di questa armonia amichevole.

39. Abbracciare il cambiamento: Amore autentico per le persone della vostra vita

Adattatevi alle circostanze che si sono presentate e abbracciate le persone che sono entrate a far parte della vostra vita. Amatele con sincerità e autenticità.

40. Il potere interiore: Abbracciare la razionalità nell'universo

Ogni oggetto, strumento o contenitore assolve al suo scopo ed è considerato buono, indipendentemente dall'assenza del suo creatore. Tuttavia, negli oggetti naturali c'è un potere innato che li tiene uniti e questo potere rimane al loro interno. Pertanto, è essenziale mostrare rispetto per questo potere e credere che se si vive e si agisce in accordo con la sua volontà, allora le azioni si allineano alla razionalità. Questo principio si applica anche all'universo, poiché tutto in esso è conforme al ragionamento.

41. Controllare il giudizio: Il segreto per porre fine al biasimo e all'ostilità verso Dio e gli altri

Se credete che le cose al di fuori del vostro controllo siano buone o cattive per voi, inevitabilmente darete la colpa agli dei e odierete coloro che sono responsabili di qualsiasi disgrazia o perdita. È un'ingiustizia, perché non dovremmo distinguere tra cose indifferenti. Tuttavia, se giudichiamo buone o cattive solo le cose che sono sotto il nostro controllo, non c'è motivo di incolpare Dio o di essere ostili verso gli altri.

42. Lavorare insieme per un obiettivo comune: scoprire il proprio posto nell'universo

Lavoriamo tutti insieme verso un obiettivo comune, alcuni intenzionalmente e altri inconsapevolmente. Come diceva Eraclito, anche quando dormiamo continuiamo a contribuire all'universo. Tuttavia, i modi in cui contribuiamo sono diversi. Alcuni di noi lavorano instancabilmente per criticare e opporsi a ciò che accade, ma anche questi individui hanno un posto nell'universo. Sta a voi stabilire a quale categoria di lavoratori appartenete. Se vi allineate al bene superiore, il padrone di tutte le cose vi utilizzerà in modo appropriato e vi arruolerà come preziosi collaboratori. Evitate di diventare come il verso insignificante e ridicolo della commedia di Crisippo.

43. Guerre meteorologiche: la battaglia tra i corpi celesti per la ricchezza della Terra

Il Sole ed Esculapio si sforzano di assumere le responsabilità rispettivamente della pioggia e del fruttivendolo (la terra)? Inoltre, in che modo i vari astri contribuiscono in modo diverso ma collaborano per un obiettivo comune?

44. Il paradosso del destino: confidare negli dei o prendere il controllo della nostra vita?

Se gli dei hanno predeterminato il mio destino e gli eventi che devono accadere nella mia vita, allora confido nella loro lungimiranza. È difficile immaginare una divinità che non pianifichi. Inoltre, perché dovrebbero desiderare di farmi del male? Quale vantaggio ne trarrebbero o quale scopo avrebbe per il mondo, di cui si prendono cura?

Tuttavia, anche se gli dei non hanno predeterminato la mia vita, hanno almeno stabilito il grande schema delle cose. Qualsiasi cosa accada come parte di questo piano universale, devo accettarla con grazia e accontentarmi. Ma se partiamo dal presupposto che gli dèi non hanno alcun controllo sul nostro destino - un pensiero moralmente ripugnante - allora non dobbiamo fare offerte, né pregare, né prestare giuramento in loro nome. Non dovremmo fare nulla che indichi che crediamo nella loro presenza e nel loro coinvolgimento nella nostra vita.

Ma se gli dei non determinano il nostro destino, allora posso determinare il mio destino. Posso perseguire ciò che è pratico e vantaggioso per me stesso. E ciò che mi giova è ciò che è in armonia con la mia natura razionale e sociale. Come cittadino di Roma, sono lieto di fare ciò che giova alla mia città e al mio Paese. Ma come membro dell'umanità, riconosco che le uniche attività utili per me sono quelle che vanno a beneficio del mondo.

45. L'effetto a cascata del beneficio: come il guadagno di una persona può aiutare l'intero gruppo

Qualsiasi cosa accada a un individuo, alla fine serve al bene dell'universo. Questo dovrebbe essere sufficiente per capire. Tuttavia, è importante riconoscere che ciò che è benefico per una persona è probabile che lo sia anche per altre. Tenete presente che il termine "benefico" in questo contesto si riferisce a cose che non sono né intrinsecamente buone né cattive.

46. Rompere la monotonia della vita: Un appello alla novità e alla diversità

Nell'anfiteatro e in luoghi simili, vedere ripetutamente le stesse cose può rendere lo spettacolo stancante. Questo vale anche per la vita, poiché tutto ciò che ci circonda è essenzialmente uguale e ha origine dalla stessa fonte. Per quanto tempo ancora dovrà continuare così?

47. Memento Mori: Riflessioni sulle vite dei grandi e sull'importanza della virtù

Continuate a ricordare che persone di ogni ceto sociale, di ogni nazione e impegnate in ogni tipo di attività hanno lasciato questo mondo. Immaginate che anche personaggi come Filisteo, Febo e Origano se ne siano andati. Ora spostate la vostra attenzione su altri gruppi di persone. Avventuriamoci in un luogo dove risiedono grandi oratori e stimati filosofi: Eraclito, Pitagora, Socrate. Ricordiamo anche i tanti eroi, generali e dittatori, seguiti da scienziati brillanti come Eudosso, Ipparco, Archimede e altri che possiedono capacità naturali acute, menti incontenibili, amore illimitato per il lavoro duro e un'inclinazione a deridere la natura impermanente ed effimera della vita umana, come Menippo e simili. Considerate che tutti questi sono passati da tempo. Ma cosa importa? Che dire di coloro i cui nomi non sono affatto riconosciuti? C'è una cosa che è particolarmente importante: vivere una vita di verità e giustizia, avere un atteggiamento compassionevole anche verso gli ingannatori e gli ingiusti.

48. Emulare i comportamenti virtuosi: Trovare la gioia in chi ci circonda

Se volete provare un senso di gioia, concentratevi sulle virtù di chi vi circonda. Notate la produttività di una persona, l'umiltà di un'altra, la generosità di una terza o i tratti positivi di una quarta persona. Non c'è niente di più soddisfacente che vedere le virtù esemplificate nei comportamenti delle persone con cui viviamo. Dobbiamo quindi tenerle a mente e cercare di emularle.

49. Abbracciare la contentezza: Perché essere grati per il tempo limitato che abbiamo è la chiave per la felicità

Non siete infelici, presumo perché avete solo una certa quantità di denaro e non trecento. Allo stesso modo, non siate scontenti di poter vivere solo per un numero limitato di anni; così come siete soddisfatti della quantità di beni che vi sono stati assegnati, siate soddisfatti della quantità di tempo che avete.

50. Andare contro la volontà di giustizia: Trovare il successo in mezzo all'ostruzione

Cerchiamo di convincerli, anche a costo di andare contro la loro volontà quando è in linea con i principi della giustizia. Tuttavia, se qualcuno vi ostacola usando la forza, trovate conforto nella contentezza e nella pace. Sfruttate l'ostacolo per esercitare un'altra virtù. È importante ricordare che il vostro tentativo era condizionato e non miravate a raggiungere l'impossibile. Qual era allora il vostro obiettivo? Qualcosa del genere. Ma il vostro obiettivo viene raggiunto anche se le cose che vi hanno motivato non sono state portate a termine.

51. Dalla fama alla saggezza: La percezione del beneficio personale

Chi desidera la fama considera i risultati altrui come un proprio beneficio e chi cerca il piacere valuta solo le proprie esperienze. Chi possiede la saggezza, invece, percepisce le proprie azioni come fonte di bene personale.

52. Liberare il potere di rimanere imparziali: Perché astenersi dalle opinioni cambia le carte in tavola

Abbiamo il potere di astenerci dal formarci un'opinione su una questione e di rimanere indisturbati nella nostra anima. Dopo tutto, le cose non possiedono intrinsecamente la capacità di plasmare i nostri giudizi.

53. Empatia in azione: Padroneggiare l'arte dell'ascolto attivo

Abituatevi ad ascoltare attivamente gli altri e fate del vostro meglio per mettervi nei loro panni.

54. Il pericolo dell'azione individuale: Come influisce sull'intera colonia di api

Ciò che è dannoso per la collettività lo è anche per ogni singola ape.

55. L'importanza del rispetto: come la disobbedienza mette in pericolo le vite in mare e in medicina

Se i marinai maltrattassero il timoniere o i malati mancassero di rispetto al medico, darebbero ascolto a qualsiasi altra autorità? Come può il timoniere garantire la sicurezza di chi è a bordo della nave o il medico mantenere il benessere dei suoi pazienti se non viene rispettato e ascoltato?

56. Sopravvivere al tempo: Riflessione su coloro che abbiamo perso lungo il cammino

Molti di coloro che sono venuti al mondo con me non ci sono più.

57. Il potere della falsa opinione: Un confronto con il miele amaro e la paura dell'acqua

Il sapore amaro del miele per gli itterici e la paura dell'acqua per chi è stato morso da cani rabbiosi sono paragonabili alla gioia che i bambini trovano in una palla. Allora, perché sono arrabbiato? Credete che una falsa opinione abbia meno potere della bile in una persona itterica o del veleno in una persona morsa da un cane pazzo?

58. Liberate la vostra natura razionale: Vivere senza limiti in armonia con l'Universo

Nessuno vi impedirà di vivere secondo la vostra natura razionale e non vi capiterà nulla che vada contro la razionalità dell'universo.

59. La ricerca di una compagnia desiderabile: Le aspirazioni degli uomini e il passare del tempo

Quali tipi di individui gli uomini aspirano a soddisfare e perché? Attraverso quali azioni mirano a raggiungerlo? Inoltre, quanto rapidamente il tempo oscurerà tutti gli eventi, e quanti ne ha oscurati finora?

LIBRO 7

— Sii gentile, sii virtuoso, sii in pace

Rimanete fedeli alle vostre convinzioni, perché la malvagità vi è familiare. Il vostro valore è nei vostri affetti, quindi pensate bene a ciò che dite. Fate del vostro meglio con quello che avete, abbiate fiducia in voi stessi e siate in pace con il futuro incerto. Ricordate che tutto ciò che è fisico scomparirà, ma le cose astratte saranno assorbite dall'universo. Fate in modo che le vostre azioni siano naturali o abbiano un senso, poiché tutto è instabile. Diffondete la gentilezza e resistete a cambiare voi stessi per adattarvi, perché la comprensione porta conforto. La felicità deriva dal conoscere il proprio posto e dall'essere virtuosi. La morte e il cambiamento sono naturali, quindi imparate a lasciar andare e a perdonare. Concentratevi sul presente, siate gentili e vivete ora. Agire con virtù è nobile, quindi lottate per ciò che è giusto e apprezzate la bellezza. Tutto è ciclico e possiamo imparare dal passato per rendere il mondo migliore. Siate positivi e determinati e puntate all'eccellenza.

1. Il ciclo infinito della "cattiveria" riconoscibile: Dal Medioevo al mondo moderno

Cosa significa "cattiveria"? È ciò che avete già incontrato molte volte in passato. Pertanto, ogni volta che si verifica qualcosa, ricordate che è qualcosa che avete già visto. Le stesse cose si trovano dappertutto, proprio come nei vecchi libri di storia del Medioevo e anche oggi. Queste cose si possono vedere nelle città e nelle case, anche adesso. Non c'è nulla di nuovo o di inedito; tutte le cose sono riconoscibili e temporanee.

2. Recuperare il controllo: Mantenere i propri principi e rimanere saldi nella propria mentalità

Come possono morire i nostri principi se non si spengono i pensieri che vi si allineano? È sotto il vostro controllo mantenere questi pensieri accesi. Posso avere un'opinione appropriata su qualsiasi cosa, quindi perché qualcosa dovrebbe turbarmi? Le cose esterne non hanno alcuna influenza sul mio stato d'animo. Se manterrete questa mentalità, vi ergerete a testa alta. Avete il potere di recuperare la vostra vita. Iniziate a guardare le cose con la stessa lente di una volta. In questo modo riprenderete il controllo della vostra vita.

3. Distrazioni, umorismo e valore: Abbracciare le attività banali della vita

Le banali attività di intrattenimento, gli spettacoli teatrali, i gruppi di massa di pecore e bovini, le esercitazioni con la lancia, il lancio di ossa ai cagnolini, lo spargimento di briciole di pane nelle peschiere e le diligenti attività delle formiche e delle bestie da soma, compreso lo sgomitare di topi spaventati e la manipolazione di marionette su fili, sono tutte uguali. Pertanto, è vostro dovere mostrare buon umore durante queste distrazioni, piuttosto che mostrare superbia, riconoscendo che il valore di una persona equivale al valore delle attività che ha scelto.

4. Padroneggiare l'arte dell'osservazione e dell'ascolto attivo: Chiavi per comprendere obiettivi e rappresentazioni

Quando si partecipa a una conversazione, prestare molta attenzione a ciò che viene detto. Quando osservate un'azione, prendete nota di ciò che viene fatto. Nel primo caso, bisogna sforzarsi di capire l'obiettivo. Nel secondo caso, concentrarsi su ciò che viene rappresentato.

5. Utilizzare la natura universale: Come affrontare la sfida del successo di un compito

Ho la comprensione necessaria per questo compito? Se sì, la utilizzerò come uno strumento che mi è stato dato dalla natura universale. Se invece la mia comprensione è insufficiente, mi allontanerò dal compito e lascerò che qualcuno più capace se ne occupi, a meno che non ci sia una ragione impellente per non farlo. In alternativa, farò del mio meglio per portare a termine il compito con l'assistenza di qualcuno che, con la guida dei miei valori fondamentali, possa portarlo a termine in modo vantaggioso per la società. In definitiva, tutto ciò che io o chiunque altro possiamo realizzare deve essere incentrato esclusivamente su ciò che è benefico e rilevante per la società.

6. Dalla fama all'oblio: Le storie non raccontate di celebrità dimenticate e perdute

Quanti individui, un tempo celebrati dalla fama, sono stati dimenticati nel tempo? Al contrario, quanti individui che hanno celebrato la fama di altri sono poi scomparsi?

7. Vincere le proprie battaglie con l'aiuto: Perché l'assistenza non deve creare imbarazzo

Non sentitevi in imbarazzo a ricevere assistenza, perché il vostro compito è come quello di un soldato che attacca una città. Se non riuscite a salire da soli sui merli a causa di un impedimento fisico, è comunque possibile farlo con l'aiuto di un'altra persona.

8. Abbracciare il futuro con coraggio: L'approccio razionale per affrontare l'ignoto

Non lasciatevi turbare dall'incognita del futuro, perché lo affronterete, quando sarà necessario, con lo stesso approccio razionale che usate per le circostanze attuali.

9. Il legame sacro: come tutto l'universo è interconnesso

Tutto è interconnesso e questo legame è sacro. Non c'è praticamente nulla di completamente staccato da un'altra cosa. Tutte le cose sono state collegate in modo coordinato e si combinano per dare forma allo stesso ordine dell'universo. C'è un solo universo che comprende tutte le entità e un solo Dio che permea tutto. Inoltre, c'è una sola sostanza, una legge e una ragione condivisa che si applica a tutte le creature intelligenti, e una sola verità. Se c'è davvero un'eccellenza per tutti gli animali della stessa stirpe che condividono questa ragione comune.

10. Dissolvenza nell'infinito: La natura effimera dei regni fisico, causale e della memoria

Tutte le cose fisiche alla fine si dissolvono nell'interezza dell'esistenza; e tutte le causalità vengono rapidamente assorbite nella logica universale; e tutti i ricordi vengono rapidamente sommersi dal passare del tempo.

11. Bilanciare razionalità e istinto: esplorare le azioni naturali e ragionevoli

Per un essere razionale, la stessa azione può essere considerata naturale e ragionevole.

12. Scegliere la rettitudine: La chiave per una vita appagante

Sii retto, o diventa retto.

13. Il potere della collaborazione: Abbracciare il nostro ruolo di membri del sistema umano

Proprio come i membri di un corpo unificato, anche i singoli esseri razionali sono progettati per la cooperazione. Potete comprendere meglio questo aspetto ricordandovi che siete una parte del sistema degli esseri razionali. Ma se vi vedete solo come un componente di questo sistema, allora non amate ancora veramente gli altri. Non sperimentate la gioia della gentilezza per se stessa e la vedete solo come una questione di correttezza, piuttosto che fare del bene a voi stessi.

14. Il potere della percezione: Come vedere gli eventi esterni in modo diverso può aiutarvi a controllare i vostri pensieri

Gli eventi esterni possono influenzare le parti di me che possono sentire e, se queste parti sono colpite, possono scegliere di lamentarsi. Tuttavia, se non vedo questi eventi come negativi, non subisco alcun danno e ho il potere di controllare i miei pensieri.

15. Rimanere virtuosi: la Via di Smeraldo

Indipendentemente da ciò che fanno o dicono gli altri, devo rimanere virtuoso. È come se le gemme d'oro, di smeraldo o di porpora lo affermassero sempre. Devo essere come uno smeraldo e mantenere il mio colore puro, indipendentemente dalle azioni o dalle parole degli altri.

16. Mente infrangibile: Il segreto dell'anima impavida per la serenità

La mente non si preoccupa di se stessa, non si spaventa né si procura dolore. Tuttavia, se qualcun altro può spaventarla o farle del male, lo faccia pure. Perché la mente non si trasformerà in questi stati senza un'influenza esterna. Lasciamo che il corpo si occupi di mantenersi illeso e di comunicare, se necessario. Tuttavia, l'anima, che può sperimentare la paura e il dolore e ha il controllo completo sulla creazione di opinioni su di essi, non soffrirà mai impegnandosi in questi pensieri. Il principio dominante all'interno della mente non vuole nulla se non lo desidera, ed è questo che la rende serena e disinibita, se non si disturba o si ostacola.

17. Bandire l'immaginazione: La ricerca della felicità pura e semplice

La felicità, o eudaimonia, è una forza positiva. Allora, perché sei qui, immaginazione? Ti prego di andartene, come sei venuta, per grazia degli dei, perché non ho più bisogno di te. Eppure, persisti nelle tue vecchie abitudini. Non sono arrabbiato con te, ma ti prego di andartene.

18. La necessità di accogliere il cambiamento: Dal bagno ai risultati positivi

Qualcuno ha paura del cambiamento? Cosa può accadere senza di esso? C'è qualcosa di più consono o gradevole all'ordine naturale? Si può fare un bagno senza che il legno si trasformi? Potete sostenervi senza che il cibo subisca un'alterazione? Sarebbe possibile ottenere qualsiasi altro risultato benefico senza cambiamenti? Non riuscite a capire che è altrettanto necessario per voi abbracciare il cambiamento, così come lo è per l'intero universo?

19. Cavalcare il torrente universale: come il tempo consuma tutto - Riflessioni dal versetto 23, capitolo 6, versetto 15

Tutti i corpi sono trasportati da un furioso torrente di sostanza universale, naturalmente uniti e cooperanti con il tutto, proprio come le parti del nostro corpo. Il tempo ha già inghiottito innumerevoli filosofi come Crisippo, Socrate ed Epitteto. Consideriamo questa stessa inevitabilità con ogni persona e cosa.

20. Rispettare la natura umana: Evitare azioni e tempi impropri

L'unica cosa che mi preoccupa è la possibilità di agire in modo contrario alla costituzione della natura umana, sia con mezzi impropri che in un momento inopportuno.

21. Rivoluzionare il linguaggio: Affinare una dimenticanza imminente

La vostra dimenticanza di tutto è vicina, così come la dimenticanza di voi da parte di tutti.

22. Amore incondizionato: Perdonare gli errori della famiglia

È strano come gli esseri umani riescano ad amare anche coloro che commettono errori. Questo accade quando si riconosce che sono i propri familiari e che hanno agito per ignoranza o involontariamente. Tutti moriremo un giorno, quindi perché serbare rancore? Soprattutto, la persona che vi ha fatto un torto non ha danneggiato la vostra capacità di prendere buone decisioni.

23. La forza trasformativa della sostanza onnicomprensiva della natura

Il potere naturale all'interno della sostanza onnicomprensiva modella varie forme, simili alla cera, passando da un cavallo a un albero, poi a un umano e infine a un'altra entità, con l'esistenza fugace di ogni essere. Tuttavia, la disintegrazione del vaso non è un problema, così come non è stata faticosa la sua configurazione iniziale.

24. Oltre l'attrattiva: I pericoli del cipiglio frequente e la perdita di una giustificazione per la vita

Un'espressione accigliata è del tutto innaturale; quando viene adottata di frequente, fa perdere ogni attrattiva, finendo per spegnerla del tutto, per non riaccendersi mai più. Questo fatto stesso suggerisce che è irragionevole. Se la consapevolezza del male cessa di esistere, che giustificazione c'è per continuare a vivere?

25. Il rinnovamento infinito della natura: Governare e cambiare il mondo

La natura governa tutto e cambia costantemente ciò che vediamo. Crea nuove cose dalla sostanza di quelle esistenti, in modo che il mondo possa sempre rinnovarsi.

26. Il potere della prospettiva: come capire gli altri può aiutare a perdonare e a immedesimarsi

Quando qualcuno vi fa un torto, prendetevi un momento per contemplare la sua prospettiva su ciò che è giusto o sbagliato. Capire questo vi permetterà di provare empatia anziché shock o rabbia. Dopo tutto, o condividete la stessa opinione su ciò che è buono o cattivo, o avete un'altra visione simile. In questo caso, dovreste perdonarli. Ma se non siete d'accordo con le loro opinioni, potete comunque essere comprensivi e gentili nei confronti di una persona che potrebbe essere in errore.

27. Abbracciare ciò che si ha: L'arte di apprezzare senza attaccamento

Non concentratevi su ciò che vi manca, ma piuttosto su ciò che possedete. Scegliete le cose più belle e considerate quanto le desiderereste se non le aveste già. Tuttavia, fate attenzione a non innamorarvi troppo di queste cose, che vi porterebbero a sopravvalutare il loro valore e a sentirvi insicuri se doveste perderle.

28. Scoprire la pace interiore: Liberare il potere della razionalità dentro di voi

Andate dentro di voi. Il principio razionale che governa ha una disposizione naturale a trovare soddisfazione nel fare ciò che è giusto, raggiungendo così la pace interiore.

29. Padroneggiare l'arte di lasciar andare: Abbracciare il momento presente e controllare ciò che è a portata di mano

Eliminate i pensieri fantasiosi. Cessare i tentativi di controllare le situazioni che sfuggono al vostro controllo. Concentrarsi unicamente sul momento attuale. Comprendere chiaramente gli eventi che riguardano se stessi o gli altri. Classificare tutti gli oggetti in base alla loro causa o alla loro composizione materiale. Considerare la propria mortalità. Permettere che le ripercussioni delle azioni sbagliate di una persona rimangano nel luogo in cui si è verificato il danno.

30. Scoprire le intenzioni: L'importanza delle parole e delle azioni

Concentrarsi sulle parole pronunciate. Comprendere le azioni e gli attori che le compongono.

31. Il potere della modestia: Seguire Dio e rispettare la legge in un mondo complesso

Abbracciare la semplicità e la modestia, rimanendo indifferenti a tutto ciò che si trova tra la virtù e il vizio. Amare tutta l'umanità e seguire fedelmente Dio. Come disse un poeta, la legge governa tutto, ed è fondamentale ricordare che la legge regna sovrana.

32. Trasformazione o cessazione: L'inevitabile esito della morte

Per quanto riguarda la morte, sia che comporti la dispersione, l'atomizzazione o l'annichilimento, alla fine si ottiene la cessazione o la trasformazione.

33. Sopportare il dolore: il sollievo della mente e la ribellione del corpo

Il dolore è una cosa curiosa. Mentre un dolore lancinante può debilitarci e sopraffarci, sopportare un dolore per un periodo prolungato può essere più tollerabile. In questi momenti, la nostra mente trova conforto rivolgendosi all'interno, mantenendo la tranquillità e preservando l'integrità della nostra forza di volontà. Tuttavia, le parti del nostro corpo colpite dal dolore hanno il diritto di dire la loro, se lo desiderano.

34. Il prezzo della fama: Svelare la mente di coloro che la cercano

Per quanto riguarda la fama, esaminate la mentalità di coloro che vi aspirano. Prendete nota delle loro caratteristiche, di ciò che rifuggono e di ciò che perseguono. Tenete presente che, proprio come la sabbia oscura gli strati sottostanti, gli avvenimenti successivi della vita maschereranno presto quelli che li hanno preceduti.

35. Il paradosso di una mentalità elevata: Perché Platone crede che la morte non sia negativa

Platone una volta disse: "Una persona con una mentalità elevata, che percepisce tutta l'esistenza nella storia e nella sostanza, può davvero considerare la vita umana degna di nota? No, questo è impossibile", ha commentato. "Così, questa persona crederà che la morte non sia un evento negativo". Assolutamente no.

36. Virtù reale: il potere di fare il bene in mezzo alle avversità - Spunti da Antistene

Antistene disse: "Si dà prova di vera regalità facendo del bene anche di fronte a un abuso".

37. La mente oltre il volto: L'equilibrio essenziale per l'autoregolazione

Il viso deve obbedire e regolarsi secondo le indicazioni della mente, mentre la mente non deve regolarsi da sola. Questo comportamento è essenziale.

38. Lasciare andare il bagaglio emotivo: Perché preoccuparsi di questioni irrilevanti è inutile

Non è necessario preoccuparsi di cose che non hanno a che fare con le nostre emozioni.

39. Diffondere la gioia: Compiacere gli dei immortali e noi stessi

Portiamo gioia sia agli dei immortali che a noi stessi.

40. Raccogliere la vita: Il ciclo della nascita e della morte

La vita dovrebbe essere raccolta come il mais maturo. Una persona nasce, un'altra muore.

41. La ragione dell'indifferenza degli dei nei confronti di me e dei miei figli

Se gli dei non si preoccupano di me e dei miei figli, ci deve essere un motivo.

42. Il potere della bontà e della giustizia: Una scoperta personale

Sono in possesso della bontà e della giustizia.

43. Serenità stoica: Padroneggiare il controllo emotivo e la resilienza

Non c'è bisogno di unirsi agli altri nel loro doloroso lamento, né di mostrare un'intensa esplosione di emozioni.

44. La fallacia del talento: La risposta di Platone alla priorità del rischio sulla morale

Secondo Platone, risponderei a quest'uomo dicendo: sei in errore se credi che un individuo di talento debba considerare solo il rischio di vita o di morte, invece di concentrarsi sul fatto che le sue azioni siano giuste o ingiuste, o se stia esemplificando le qualità di una persona buona o cattiva.

45. Affrontare la morte con onore: L'importanza del dovere e della lealtà

Perché la verità, signori di Atene, è che ovunque un uomo si sia posizionato o gli sia stato assegnato da un comandante il posto più vantaggioso per lui, dovrebbe rimanere lì e affrontare il rischio senza considerare la morte o qualsiasi altro esito, piuttosto che essere disonorevole disertando il suo dovere.

46. Dalla sopravvivenza al vivere al meglio: un esame di nobiltà e bontà

Mio caro amico, riflettiamo se la nobiltà e la bontà sono distinte dalla mera sopravvivenza. Non è saggio soffermarsi sulla durata della vita di un vero uomo, perché non dovrebbe essere la nostra preoccupazione principale. Non dobbiamo aggrapparci alla vita, ma affidare il nostro destino al divino e accettare la saggezza delle donne che ci ricordano che il destino è ineluttabile. Concentriamoci invece su come vivere al meglio il tempo che ci è stato concesso.

47. In viaggio con le stelle: Una riflessione purificante sugli scambi della natura

Osservate i percorsi delle stelle come se steste viaggiando con loro. Inoltre, contemplate gli scambi degli elementi naturali tra loro. Queste riflessioni purificano le impurità dell'esistenza terrena.

48. Da un punto di vista superiore: Esaminare l'umanità attraverso gli occhi di Platone

Platone disse una volta: "Quando si discute di umanità, si dovrebbero osservare le questioni terrene come da un punto di osservazione più elevato". Questo include l'esame di assemblee, eserciti, lavori agricoli, matrimoni, trattati, nascite, morti, il frastuono delle aule di tribunale, le lande desolate, le diverse nazioni di barbari, le celebrazioni, le occasioni di lutto, i mercati e una miscela di tutti i tipi di situazioni e di miscele armoniose di opposti".

49. Esaminare 40 anni o 10.000: prevedere i futuri spostamenti politici

Pensate al passato: ci sono stati immensi cambiamenti politici. Si può anche anticipare ciò che accadrà, perché è probabile che segua uno schema simile. È probabile che il modo in cui le cose stanno accadendo ora continui. Pertanto, esaminare la vita umana per quarant'anni è come esaminarla per diecimila anni. Perché cos'altro resta da vedere?

50. Origini celesti: Esplorare il ritorno a casa degli elementi celesti

Ciò che ha origine dalla terra, ritorna ad essa. Ciò che proviene dal cielo, invece, torna alle sue origini celesti. Ciò si spiega con la separazione degli atomi o con la dispersione di sostanze prive di vita con proprietà simili.

51. Rinfreschi celestiali e trucchi astuti: Alterare il fato per evitare fini tragici

Con deliziosi rinfreschi e astuti trucchi magici, miriamo a modificare il corso del destino e a evitare una tragica fine. La brezza celeste con cui siamo stati benedetti, sopporteremo e lavoreremo diligentemente senza lamentarci.

52. La vera misura dell'eccellenza: Molto più che sconfiggere l'avversario

Un altro può eccellere nello sconfiggere l'avversario, ma non è detto che sia più affabile, umile, pronto ad affrontare qualsiasi sfida o più comprensivo dei difetti del prossimo.

53. Impavidi e produttivi: sfruttare la logica universale degli dei e degli esseri umani per il successo

Quando riusciamo a svolgere un compito in accordo con la logica universale degli dei e degli esseri umani, non abbiamo nulla da temere. Se ci impegniamo in attività produttive che sono in linea con le nostre capacità naturali e la nostra costituzione, possiamo affermare con sicurezza che non ci verrà fatto alcun male. Pertanto, non dobbiamo essere preoccupati per tutto ciò che ci avvantaggia attraverso azioni compatibili e di successo.

54. Dare a se stessi il potere di abbracciare la pietà e la giustizia: L'arte della riflessione consapevole

Avete sempre il potere di accettare la vostra situazione attuale con pietà e di trattare coloro che vi circondano con giustizia. Inoltre, potete esaminare abilmente i vostri pensieri per evitare che quelli non esaminati prendano piede in qualsiasi momento e in qualsiasi luogo.

55. Segui la tua natura: La chiave della razionalità e dell'interazione sociale

Non concentratevi sulla morale e sui valori degli altri, ma seguite il vostro istinto naturale. Prestate attenzione al modo in cui le cose accadono nel vostro ambiente e alle azioni che dovete intraprendere in base alla vostra natura. Ogni essere dovrebbe agire in base alle proprie caratteristiche uniche e tutto il resto è stato creato per servire gli esseri razionali. Allo stesso modo, tra le cose inferiori, lo scopo è quello di servire le creature superiori, ma quando si tratta di esseri razionali, essi esistono per servirsi a vicenda.

Il principio più importante che regola la natura umana è l'interazione sociale. Inoltre, non dobbiamo cedere alle richieste del nostro corpo. È responsabilità dell'intelletto governare le nostre azioni e non deve mai essere sopraffatto dai sensi o dagli appetiti, perché entrambi sono guidati da istinti animali. L'intelletto assume il predominio, poiché è stato progettato per utilizzarli tutti. Infine, gli esseri razionali devono sforzarsi di essere liberi da errori e inganni. Pertanto, se la nostra bussola morale si attiene a questi principi, saremo sulla strada giusta.

56. Vivere in armonia con l'inevitabilità della morte: Una guida per trovare uno scopo nella vita

Considerate voi stessi come già deceduti e come se aveste vissuto la vostra vita fino a questo punto. Vivete in accordo con la natura per il tempo che vi rimane.

57. L'amore fatato: Abbracciare ciò che il destino tesse

Amate solo ciò che il destino vi porta e che è intessuto nel tessuto del vostro destino. Cosa c'è di più appropriato?

58. Sii padrone del tuo destino: liberati dalle distrazioni esterne e scegli la crescita personale

Quando ci troviamo di fronte a una qualsiasi situazione, ricordiamo coloro che hanno vissuto la stessa situazione e come hanno reagito, spesso con frustrazione e critiche. Ma cosa ne è stato di loro? Da nessuna parte. Quindi, perché scegliere di seguire le loro orme? Invece di lasciarvi prendere dalle distrazioni esterne, concentratevi su come sfruttare al meglio le circostanze. Così facendo, non solo le gestirete con facilità, ma le userete anche come pietre miliari per la crescita personale. Date priorità alle vostre azioni e impegnatevi a essere una persona virtuosa in tutto ciò che fate. Ricordate...

59. Scavare per la bontà: Sbloccare l'infinito flusso interiore

Guardate dentro di voi. La fonte della bontà si trova in profondità e scorrerà perennemente se continuerete a scavare.

60. Eleganza senza sforzo: L'importanza di movimenti e posture naturali

Il corpo deve essere snello e mostrare un movimento e una postura fluidi e naturali. È importante che il corpo rifletta l'intelligenza e la correttezza espresse dal viso. Tuttavia, questo non deve essere fatto in modo artificiale o artificioso.

61. Dominare le sfide della vita: L'approccio del lottatore

L'arte di vivere è come quella di un lottatore più che di un ballerino, perché deve essere preparata e salda per affrontare sfide improvvise e impreviste.

62. Attenzione all'approvazione di chi: Evitare le offese e le influenze discutibili

Fate sempre attenzione all'approvazione di chi cercate e alle sue convinzioni morali. In questo modo, non giudicherete chi vi offende involontariamente, né cercherete l'approvazione di coloro i cui pensieri e desideri sono discutibili una volta che ne avrete compreso le ragioni.

63. Il deficit di verità e virtù: L'intuizione di un filosofo sulla compassione

Il filosofo sostiene che ogni individuo è intrinsecamente privo della verità. Questa mancanza si estende anche ad altre virtù, come la giustizia, la temperanza, la benevolenza e altre ancora. È fondamentale ricordare sempre questo fatto. Questo vi porterà a essere più compassionevoli verso tutti coloro che vi circondano.

64. Convinzioni errate sul dolore: come affrontarlo e superarlo

Ricordate, nei momenti di dolore, che non è disonorevole, né macchia la vostra intelligenza. Non ha alcun impatto su quanto siete razionali o sociali. Ricordate le sagge parole di Epicuro: la maggior parte dei dolori non sono insopportabili e non sono per sempre. Hanno dei limiti e non devono essere amplificati dalla vostra immaginazione. Inoltre, è fondamentale riconoscere che numerose sensazioni spiacevoli non sono considerate dolore, come la sonnolenza, la sensazione di surriscaldamento e la mancanza di appetito. Pertanto, quando vi sentite insoddisfatti di queste cose, ricordate a voi stessi che non state provando dolore fisico.

65. Il pericolo di imitare comportamenti disumani nei confronti degli esseri umani

Fate attenzione a non trattare i disumani come si trattano gli umani.

66. Ricerca dell'anima: confronto tra i caratteri di Telauges e Socrate

Come possiamo stabilire se Telauges fosse inferiore a Socrate per carattere? Non è sufficiente considerare che Socrate sia morto in modo più nobile, che abbia dibattuto più abilmente con i sofisti, che abbia sopportato meglio le notti fredde, o anche che abbia rifiutato di arrestare Leon di Salamina e che si sia pavoneggiato in pubblico - anche se quest'ultimo punto è discutibile. Piuttosto, dovremmo esplorare la natura dell'anima di Socrate e stabilire se si accontentava di essere giusto verso gli altri e pio verso gli dei. Non si lasciava influenzare indebitamente dalla malvagità altrui, né diventava schiavo dell'ignoranza di qualcuno. Non vedeva nulla di ciò che gli accadeva come insolito, né lo considerava insopportabile. Non permise che la sua mente fosse influenzata dalle sofferenze del suo corpo fisico.

67. Il potere del minimalismo: Diventare un individuo divino attraverso l'autogoverno e l'obbedienza a Dio

La natura non ha mescolato così tanto l'intelligenza con la composizione del corpo da rendervi incapaci di controllare e governare voi stessi e tutto ciò che vi appartiene. Potete essere un individuo divino, anche se nessuno lo riconosce. Tenetelo a mente e ricordate che un approccio minimalista alla vita è di solito sufficiente per raggiungere la vera felicità. Non rinunciate alla prospettiva di essere liberi, umili, socievoli e obbedienti a Dio solo perché avete abbandonato l'idea di diventare un abile dialettico o uno studioso naturalista.

68. Liberate il potere che è in voi: Abbracciare la tranquillità in mezzo al caos e accogliere le sfide come opportunità

È in vostro potere vivere liberamente e tranquillamente, senza costrizioni, anche se il mondo intero può opporsi a voi e anche se le bestie selvagge possono attaccare il corpo che vi racchiude. La mente può mantenere il suo stato di tranquillità, avendo la capacità di giudicare equamente tutte le cose che la circondano e di utilizzare con facilità gli oggetti che le vengono presentati. Il giudizio della mente deve vedere la sostanza di una cosa, indipendentemente da come viene percepita dagli altri, mentre il suo utilizzo deve identificare ciò che si cerca. Tutto ciò che si presenta come materiale per la virtù, sia essa razionale o politica, diventa un'occasione per esercitare l'arte, sia essa umana o divina. Tutto ciò che accade, infatti, ha una relazione con Dio o con l'uomo e offre materia abituale e adatta per lavorare. Così, nulla è nuovo o impegnativo da trattare.

69. Sbloccare un forte carattere morale: Vivere ogni giorno in modo autentico

La chiave per avere un carattere moralmente solido è vivere ogni giorno come se fosse l'ultimo, senza agitarsi troppo, essere poco reattivo o fingere di essere qualcuno che non sei.

70. La pazienza degli dei immortali: Sostenere i mortali imperfetti finché non si stancano della tolleranza

Gli dei immortali non si sentono irritati nonostante debbano tollerare per un lungo periodo gli esseri umani imperfetti, soprattutto quelli cattivi. Inoltre, si assicurano che l'umanità sia ben curata sotto ogni aspetto. Tuttavia, come mortali, siete stanchi di dover sopportare il peso delle disgrazie, soprattutto perché siete tra coloro che vi contribuiscono?

71. Evitare i propri difetti: Raggiungibile, ma fuggire dai difetti degli altri? Assurdo

È assurdo che una persona non eviti i propri difetti, il che è fattibile, ma cerchi di fuggire dai difetti degli altri, il che è irraggiungibile.

72. Il complesso di superiorità delle facoltà razionali e sociali: Definizione dell'intelligenza e degli standard sociali

Le facoltà razionali e sociali, per loro stessa natura, considerano inferiore tutto ciò che non è all'altezza dell'intelligenza e degli standard sociali.

73. La trappola della ricerca di una terza ricompensa: Perché le buone azioni dovrebbero essere compiute in modo disinteressato

Una volta che avete compiuto una buona azione e qualcuno ne ha beneficiato, perché continuate a cercare una terza ricompensa, come fanno spesso gli sciocchi? Questa terza ricompensa potrebbe essere il riconoscimento per aver compiuto una buona azione o ricevere qualcosa in cambio. Tuttavia, tali aspettative sono inutili e sbagliate.

74. L'inesauribile gioia di condividere: Perché i regali utili non passano mai di moda

Nessuno si stanca mai di ricevere qualcosa di utile. Per questo è importante agire secondo natura. Quindi, non esitate a condividere ciò che è utile agli altri, perché non si è mai troppo stanchi di offrire qualcosa di utile.

75. La razionalità dell'universo: Trovare la pace e la calma nel sapere

L'universo si è formato grazie al movimento del Tutto. Tuttavia, tutti gli eventi che si verificano ora avvengono o per causa ed effetto o per continuità. È anche possibile che anche gli eventi più significativi guidati dal potere dominante dell'universo non siano guidati da principi razionali. Ricordare questo fatto può portare più pace e calma in molte situazioni.

LIBRO 8

— Vivere in armonia con la natura

Prendete il controllo della vostra vita e trovate la vera soddisfazione vivendo in linea con i principi della natura. Concentratevi su ciò che desiderate veramente e valutate se le vostre azioni andranno a beneficio degli altri. Abbracciate il cambiamento e sfruttate ogni ostacolo come opportunità per perseguire attività in linea con il vostro scopo umano. Tutto ciò che esiste ha uno scopo, quindi guardate le cose in modo olistico per trovare un equilibrio. Parlate con rispetto e umiltà e abbiate fiducia nel fatto che le vostre azioni andranno prima o poi a beneficio dell'umanità. Non temete l'incessante trasformazione dell'universo e accettate che tutte le cose sono impermanenti. Apprezzate la temporaneità della vita e non siate troppo severi con voi stessi quando le cose non vanno come previsto. Avete il potere di liberare il vostro potenziale divino e di agire per rendere il mondo un posto migliore. Quindi, svegliatevi e fate qualcosa di buono per gli altri, abbracciate le difficoltà e scegliete di essere buoni oggi. Avete la possibilità di sfruttare al meglio il vostro tempo, quindi agite e non lamentatevi.

1. Lasciare andare il desiderio di fama: Trovare la vera felicità vivendo secondo la propria natura

Questa riflessione riguarda l'abbandono del desiderio di fama che non può essere raggiunto vivendo una vita da filosofo, soprattutto se non l'avete vissuta fin dalla giovinezza. È chiaro a molti, compreso voi stessi, che non siete un filosofo. Siete caduti nel disordine, il che vi rende difficile guadagnare quella reputazione, e il vostro attuale stile di vita non la supporta.

Se avete veramente capito questo, smettete di preoccuparvi di ciò che gli altri pensano di voi. Concentratevi invece sul vivere in accordo con la vostra natura. Stabilite qual è e non lasciate che nulla vi distragga da essa. Avete già sperimentato molte strade diverse nella vita senza trovare la vera felicità, non nella logica, nella ricchezza, nella fama, nel piacere o in qualsiasi altra cosa. Allora, dove si trova la vera felicità? Si trova realizzando la natura umana. Come si può raggiungere questo obiettivo? Avendo dei principi che guidano i suoi pensieri e le sue azioni.

Che tipo di principi? Quelli che si basano sul bene e sul male: la convinzione che nulla è buono per gli esseri umani se non li rende giusti, temperati, forti e liberi, e che tutto ciò che fa il contrario di questo è cattivo.

2. Massimizzare i momenti della vita: Il potere dell'auto-riflessione e del vivere con uno scopo

Prima di ogni azione, chiedetevi: "Che rapporto ha con me? Me ne pentirò?". Il tempo è fugace e presto me ne andrò. Quindi, cos'altro desidero? Se le mie azioni attuali sono in linea con i principi di un essere intelligente e sociale che rispetta la stessa legge di Dio, allora non ho bisogno di cercare altro.

3. I veri giganti della filosofia: come Diogene, Eraclito e Socrate superano i grandi governanti del mondo antico

Alessandro, Caio e Pompeo impallidiscono di fronte a Diogene, Eraclito e Socrate. Questi grandi filosofi avevano una profonda comprensione della natura delle cose, delle loro cause e dei loro principi fondamentali - attributi che informavano le loro ricerche. Al contrario, Alessandro e i suoi compagni erano gravati da numerose responsabilità e asserviti a una moltitudine di preoccupazioni.

4. Inarrestabile: Le abitudini degli uomini persistono nonostante le conseguenze esplosive

Tenete presente che gli uomini continueranno a fare le stesse cose a prescindere, anche se doveste esplodere.

5. Abbracciare le leggi dell'universo: Lezioni di virtù e umiltà da Adriano e Augusto

Il punto principale è: Non lasciatevi turbare da nulla, perché tutto è conforme alle leggi dell'universo. Presto diventerete insignificanti e impercettibili, proprio come Adriano e Augusto. In secondo luogo, concentrate la vostra attenzione sul lavoro e tenete presente che è vostra responsabilità essere una persona virtuosa e soddisfare le esigenze della natura umana. Dovete svolgere i vostri compiti senza deviare ed esprimere i vostri pensieri con correttezza, integrità e umiltà, evitando qualsiasi forma di ipocrisia.

6. Abbracciare il trasferimento universale: Esplorare la bellezza della novità

Lo scopo dell'universale è quello di trasferire e trasformare le cose da un luogo all'altro. Le sposta da qui a lì, modificandole o eliminandole, a seconda delle necessità. Sebbene tutto nella vita sia soggetto a cambiamenti, non bisogna temere le novità. Sebbene tutte le cose siano riconoscibili, la loro disposizione e organizzazione può essere diversa.

7. Alla scoperta della retta via: Verità, bene sociale e natura universale

Ogni essere è soddisfatto di sé quando è sulla retta via, e un essere razionale è sulla retta via quando non accetta altro che la verità, dirige le sue azioni solo verso il bene sociale, limita i suoi desideri e le sue antipatie a ciò che è sotto il suo controllo e accetta tutto ciò che gli viene assegnato dalla natura universale. Ogni natura individuale è parte della natura universale, così come la natura di una foglia è parte della natura della pianta. Tuttavia, la natura della pianta manca di percezione e di ragione ed è soggetta a ostacoli. La natura umana, invece, fa parte di una natura intangibile che non ha ostacoli, comprende e incarna la giustizia, e ogni distribuzione è basata su merito, tempo, materia, causa, attività ed evento. Ma è fondamentale valutare l'interezza di un oggetto e confrontarla con quella di un altro oggetto individuale, piuttosto che confrontare due oggetti singoli tra loro.

8. Liberate la vostra forza interiore: Superare l'arroganza e perseguire uno scopo superiore

Forse non avete il tempo o la capacità di leggere, ma avete la capacità di superare l'arroganza. Potete elevarvi al di sopra della ricerca del piacere e dell'evitamento del dolore. Avete il potere di elevarvi al di sopra del desiderio di fama e di non essere infastiditi da individui ignoranti o ingrati, forse persino di mostrare compassione per loro.

9. Giudizi silenziosi: I pericoli della critica alla Corte e alla vita personale

Non permettete più a nessuno di sentirvi criticare la vita di corte o la vostra stessa vita.

10. L'illusione del piacere: perché il pentimento porta a stabilire le vere priorità

Il pentimento è una forma di auto-riflessione per aver trascurato qualcosa di benefico. Tuttavia, ciò che è veramente buono deve essere utile e una persona veramente buona dovrebbe dargli la priorità. Inoltre, nessuna persona veramente buona si pentirebbe mai di aver rinunciato a un fugace piacere sensuale. Pertanto, il piacere non può essere considerato né utile né buono.

11. L'enigma svelato: Esplorare l'essenza, la composizione e l'esistenza dell'oggetto sconosciuto

Che cos'è esattamente questa cosa nella sua essenza, nella sua composizione? Quale sostanza e materiale contiene? Che forma ha? Che ruolo ha nel mondo? E per quanto tempo continuerà a esistere?

12. Il potere di assecondare il vostro istinto naturale all'interazione sociale piuttosto che al sonno

Quando vi svegliate con una certa riluttanza, ricordate che per voi esseri umani è naturale impegnarvi in interazioni sociali, mentre dormire è un'attività comune agli animali irrazionali. Tuttavia, ciò che viene naturale a ognuno di noi è più peculiare, più in linea con la sua natura e più piacevole.

13. Scienza dell'anima: Incorporare fisica, etica e dialettica nella vostra vita quotidiana

Applicate continuamente, e quando possibile, i principi della Fisica, dell'Etica e della Dialettica a ogni impressione che la vostra anima riceve.

14. Il fattore convinzione: Come la comprensione delle opinioni di una persona può predire le sue azioni e le sue compulsioni

Quando incontrate una persona qualsiasi, chiedetevi: Quali sono le sue convinzioni su ciò che è giusto e sbagliato? Se il loro punto di vista sul piacere, sul dolore, sulle loro fonti, così come la loro prospettiva sulla fama, sulla vergogna, sulla morte o sulla vita, si allineano con opinioni specifiche, non sarà sorprendente o notevole se compiono determinate azioni. Tenete presente che le compulsioni possono guidare il loro comportamento.

15. Aspettatevi l'atteso: Un promemoria per medici e timonieri

Tenete presente che è sciocco stupirsi quando un fico produce fichi e, allo stesso modo, quando il mondo offre i suoi prodotti abituali. Il medico e il timoniere non devono farsi prendere alla sprovvista quando si tratta della febbre di un uomo o di venti sfavorevoli.

16. Il potere dell'umiltà: Perché accettare le correzioni è la chiave della libertà

Ricordate che cambiare opinione e accettare la correzione è parte integrante della libertà tanto quanto perseverare nell'errore. Questo perché state ancora esercitando la vostra agenzia, prendendo decisioni basate sul vostro discernimento e sulla vostra comprensione. Quindi, non abbiate paura di ammettere quando vi sbagliate e di imparare dagli altri. Fa tutto parte del viaggio verso la vera indipendenza.

17. Scegliere la responsabilità invece della colpa: Prendere decisioni mirate

Se avete il controllo su qualcosa, perché scegliete di farlo? Ma se è qualcun altro ad avere il controllo, a chi dare la colpa: al caso o agli dei? Entrambe le opzioni sono sciocche. Non si deve incolpare nessuno. Se potete, affrontate la causa principale. Se non potete, cercate di risolvere la situazione stessa. Ma se non riuscite a fare nemmeno questo, che senso ha lamentarsi? Dopo tutto, tutto dovrebbe avere uno scopo.

18. Il ciclo eterno: Come la morte conduce alla trasformazione e all'integrazione con l'universo

Ciò che è morto non lascia completamente l'universo. Al contrario, subisce una trasformazione e si dissolve nei suoi elementi che fanno naturalmente parte dell'universo e di voi stessi. Anche questi elementi cambiano con il tempo, ma silenziosamente e senza lamentarsi.

19. Scoprire lo scopo dell'esistenza: La ricerca del piacere è sufficiente?

Tutte le cose hanno uno scopo: un cavallo, una vite. Allora, perché lo trovi sorprendente? Anche il sole ha una ragione d'essere, così come gli altri dei. E qual è il vostro scopo? È solo quello di cercare il piacere? Considerate se questo è in linea con la logica di base.

20. Dalle palle che rimbalzano alle bolle che scoppiano: Capire il gioco di inizio e fine della natura

La natura considera sia l'inizio che la fine, proprio come chi lancia una palla. Pertanto, non c'è alcun beneficio nel lanciare la palla in alto, né alcun danno quando scende, e nemmeno quando cade. Allo stesso modo, quale beneficio ha una bolla di sapone finché rimane intatta e quale danno quando scoppia? Lo stesso concetto si applica anche alla luce.

21. La fragilità del corpo umano e l'insignificanza delle nostre esperienze sulla Terra

Riscritto:

Esaminare il corpo dall'interno per capire la sua natura, come cambia con l'invecchiamento o quando è afflitto da una malattia. Sia la persona che loda sia quella che viene lodata, sia quella che ricorda sia quella che viene ricordata, hanno una vita breve. Tutto questo avviene in un piccolo angolo del mondo e anche qui ci sono disaccordi e conflitti all'interno degli stessi individui. Considerando la vastità della terra, tutto ciò che gli esseri umani sperimentano è solo un granello.

22. La virtù di domani: l'importanza delle azioni ritardate per migliorare se stessi

Concentratevi sul compito da svolgere, che si tratti di un'opinione, di un'azione o di una parola. Vi meritate tutte le conseguenze che derivano dalle vostre azioni ritardate perché date la priorità a diventare migliori domani invece di essere virtuosi oggi.

23. Ispirazione divina: L'impegno per il miglioramento dell'umanità

Se mi impegno in qualche azione? Mi assicuro che sia orientata al bene dell'umanità. Se mi capita un incidente, lo riconosco e lo dedico agli dei e alla forza primordiale che governa tutti gli eventi. È da questa fonte che derivano tutti gli eventi.

24. Immergersi nella sporcizia della vita: Comprendere la natura repellente dell'esistenza

Tutto ciò che per voi è ripugnante come il bagno - l'olio, il sudore, la sporcizia, l'acqua sporca - è come la vita e tutto il resto.

25. La natura effimera della vita: Testimone del passaggio e della morte - Racconti di leggende e uomini dimenticati

Lucilla fu testimone della morte di Verus e se ne andò poco dopo. Secunda fu testimone della morte di Massimo e subì lo stesso destino. Epitignano fu testimone del passaggio di Diotimus, e anch'egli soccombette. Antonino vide la partenza di Faustina, prima di incontrare la sua fine. Così vanno le cose. Celer fu testimone del passaggio di Adriano, prima di passare a miglior vita.

Quanto a quegli individui astuti, che fossero chiaroveggenti o semplicemente troppo sicuri di sé, dove sono ora? Uomini come l'acuto Charax, il platonista Demetrio, Eudemone e altri della loro razza? Tutti sono scomparsi da tempo. Alcuni sono stati rapidamente dimenticati, mentre altri sono diventati oggetto di leggenda. E altri ancora sono scomparsi persino dal regno del mito. Tenete presente, quindi, che il nostro piccolo complesso, noi stessi, ci disintegreremo, il nostro fugace respiro si spegnerà o sarà trasportato altrove.

26. L'adempimento del dovere: il cammino di un uomo verso la soddisfazione attraverso la gentilezza, la razionalità e l'intuizione

Un uomo si sente soddisfatto quando adempie ai doveri che ci si aspetta da lui. Uno di questi è mostrare gentilezza verso gli altri, ignorare gli impulsi guidati dai sensi fisici, esprimere giudizi razionali su circostanze convincenti e comprendere il funzionamento del mondo e gli eventi al suo interno.

27. La triplice relazione: Il vostro corpo, il divino e la vostra cerchia interiore

Ci sono tre relazioni che avete: una con il vostro corpo fisico che vi circonda, un'altra con la fonte divina da cui provengono tutte le cose e la terza con coloro che vivono con voi.

28. Dare forza all'anima: come il dolore può trasformarsi in forza interiore

Il dolore può essere dannoso per il corpo, nel qual caso il corpo può parlare dei suoi effetti, o per l'anima. Tuttavia, l'anima può controllare la propria calma e la propria pace e non dovrebbe considerare il dolore come un'esperienza completamente negativa. Dopotutto, tutti i pensieri e le emozioni provengono da dentro di noi e nulla può essere veramente dannoso al punto da sopraffare la nostra forza interiore.

29. Liberare il potere interiore: Come mantenere la propria anima libera dalla negatività e abbracciare la chiarezza

Eliminare l'immaginazione selvaggia ricordando spesso a se stessi: Ho il potere di impedire a qualsiasi negatività, desiderio o disturbo di entrare nella mia anima. Analizzo invece la vera natura di tutte le cose e le utilizzo di conseguenza. Ricordate sempre che questo potere viene dall'interno, conferitomi dalla natura stessa.

30. L'arte di parlare in modo appropriato: Strategie per una comunicazione chiara

Parlare in modo appropriato, sia in Senato che con qualsiasi persona, evitando l'affettazione e usando un linguaggio semplice.

31. L'ultimo della sua razza: una riflessione sull'estinzione della stirpe di Augusto

L'intera corte di Augusto, compresa la moglie, la figlia, i discendenti, gli antenati, la sorella, Agrippa, i parenti, gli intimi, gli amici, Areio, Mecenate, i medici e i sacerdoti sacrificatori, sono morti. Non si tratta solo della morte di singoli individui, ma dell'estinzione di un'intera stirpe, come nel caso di Pompei e del cupo epitaffio iscritto sulle loro tombe: "L'ultimo della sua razza". Riflettete sugli sforzi straordinari che le generazioni precedenti hanno fatto per assicurarsi un degno successore e sulla triste consapevolezza che un giorno qualcuno diventerà inevitabilmente l'ultimo. Considerate ancora una volta la gravità della scomparsa di un'intera razza.

32. Vincere la partita della vita: Adempiere al proprio dovere con il massimo impegno e flessibilità

Il vostro dovere è vivere bene la vostra vita facendo ogni azione al meglio delle vostre possibilità. Se avete fatto del vostro meglio, siate soddisfatti e nessuno potrà impedirvi di compiere il vostro dovere. Anche se i fattori esterni possono entrare in gioco, non possono impedirvi di agire con giustizia, sobrietà e considerazione. Se qualcosa si frappone, accettate l'ostacolo e siate disposti a spostare i vostri sforzi su qualcosa di più lecito e produttivo. In questo modo avrete una nuova opportunità di agire in modo conforme ai vostri valori e alla vostra morale.

33. Umili ricchezze: L'arte di acquisire ricchezza e di lasciarla andare

Acquisite la ricchezza o la prosperità con umiltà e siate pronti a rinunciarvi quando necessario.

34. Il potere di riconnettersi: Tornare a essere una parte preziosa della collettività

Se avete mai visto una mano, un piede o una testa mozzati che giacciono separati dal corpo, capirete l'analogia di una persona che è scontenta e sceglie di allontanarsi dalla società. Così facendo, in un certo senso, si separa dall'ordine naturale dell'unità. Anche se vi siete disconnessi, è importante ricordare che siete stati creati dalla natura come parte di qualcosa di più grande e che avete il potere di riconnettervi a quell'unità.

Dio ha concesso all'umanità la capacità di riunirsi al tutto universale, un dono che non è stato concesso a nessun'altra parte scollegata. È davvero notevole considerare la gentilezza e la generosità di questo dono. Abbracciando questo potere, potete tornare a essere una parte preziosa e necessaria del collettivo, riprendendo il posto e lo scopo che vi spetta.

35. Dare forza all'essere razionale: Trasformare gli ostacoli in strumenti

A ogni essere razionale sono stati concessi tutti i poteri della natura universale, compreso questo. La natura universale può trasformare e ancorare nel luogo prestabilito tutto ciò che la ostacola, assimilandolo a sé. Allo stesso modo, l'animale razionale ha la capacità di convertire qualsiasi ostacolo nel proprio strumento e di utilizzarlo come previsto.

36. Padroneggiare la mindfulness: Superare lo stress e vivere il momento presente

Non stressatevi per tutta la vita. Non lasciatevi sopraffare dal pensiero di tutti i potenziali problemi che potrebbero presentarsi.

Invece, di fronte a un problema, chiedetevi: "Cosa c'è di veramente insopportabile?". Sarà difficile rispondere. Ricordate anche che non è il futuro o il passato a farvi soffrire, ma il momento presente. Tuttavia, questo momento può essere reso più piccolo se ci si concentra su di esso e si rimprovera la mente quando fa fatica ad affrontarlo.

37. L'inutilità del sedere sulla tomba: Perché l'ossessione per i defunti è un intruglio ripugnante

Panthea o Fergamus siedono attualmente accanto alla tomba di Verus? Sarebbe assurdo chiedersi se Chaurias o Diotimus siano sulla tomba di Adriano. Anche se fossero seduti lì, il defunto sarebbe consapevole della loro presenza? E anche se ne fossero consapevoli, ne trarrebbero piacere? E se ne fossero stati felici, li avrebbe resi immortali? In definitiva, era inevitabile che questi individui invecchiassero e finissero per morire. Quindi, cosa sarebbe successo dopo il loro decesso? Questa discussione non è altro che un disgustoso intruglio di gore e decadenza.

38. Aguzzare la vista: I saggi consigli del filosofo per giudicare con saggezza

Il filosofo ci consiglia di guardare e giudicare con saggezza se abbiamo una vista acuta.

39. Virtù e vizi: Un'esplorazione della temperanza nella costituzione dell'animale razionale

Esaminando la costituzione dell'animale razionale, non trovo alcuna virtù contraria alla giustizia. Tuttavia, riconosco una virtù che si oppone all'amore per il piacere, ed è la temperanza.

40. Sbloccare la sicurezza totale: Lasciate che la ragione sia il vostro scudo contro il dolore

Se eliminate la vostra opinione su ciò che sembra causarvi dolore, vi troverete in completa sicurezza. Allora, quale parte di voi è questo sé? È la vostra ragione. Tuttavia, potreste obiettare che non siete la vostra ragione. Non c'è problema. In questo caso, lasciate che la vostra ragione non si preoccupi. Se qualche altra parte di voi soffre, lasciate che abbia la sua opinione su se stessa.

41. Liberare il potere della mente: Superare gli ostacoli e coltivare i sensi

L'interferenza con i sensi è dannosa per gli animali, mentre gli ostacoli ai loro desideri sono altrettanto dannosi. Anche le piante possono essere ostacolate da fattori esterni che ne limitano la crescita. Per estensione, tutto ciò che ostacola le capacità intellettuali è dannoso per la mente umana. Considerate questi principi nella vostra vita. Le sensazioni di dolore o di piacere vi influenzano? Prestate attenzione ai vostri sensi. Avete incontrato ostacoli nel perseguire i vostri obiettivi? Se foste veramente impegnati a raggiungere il vostro obiettivo, allora questi ostacoli sarebbero davvero dannosi per la vostra mente razionale. Tuttavia, se riconoscete che gli ostacoli sono una parte intrinseca della vita, allora non siete stati veramente danneggiati o ostacolati. Nonostante ciò, l'intelletto (a differenza del corpo) è insensibile alle forze esterne e rimane immutato, ad esempio quando ha raggiunto un certo livello di comprensione, lo mantiene.

42. L'arte dell'autocompassione: Rompere il ciclo del dolore

Non dovrei causare dolore a me stesso, perché non ho mai voluto causare dolore a nessun altro.

43. Liberare la gioia: Abbracciare la diversità e mantenere uno stato mentale sano

Ognuno ha la propria fonte di gioia, che per me consiste nel mantenere uno stato mentale sano e nell'accogliere tutte le persone e le esperienze senza discriminazioni. Mi avvicino a tutto con una prospettiva aperta e accettante e sfrutto ogni esperienza al massimo delle sue potenzialità.

44. Vivere nel presente: Perché dare priorità al presente è la chiave per una vita appagante

Assicuratevi di dare priorità al momento attuale per voi stessi. Coloro che cercano di essere riconosciuti dopo la morte non si rendono conto che le persone del futuro saranno come quelle che non amano ora, perché tutti sono mortali. Non dovete preoccuparvi minimamente se queste persone future esprimono certi pensieri o hanno opinioni su di voi.

45. Trovare la serenità nel cambiamento: Sfatare il mito della felicità basata sul luogo

Portatemi dove volete, perché lì la mia essenza divina rimarrà serena e soddisfatta, finché potrà comportarsi secondo la sua vera natura. Un semplice cambiamento di luogo giustifica che la mia anima sia infelice e degradata, soggetta a sentimenti di depressione, ansia e paura? E quale spiegazione plausibile può giustificare un simile stato?

46. Il potere della resistenza: Abbracciare l'impatto della natura umana sulle difficoltà della vita

Ogni incidente che accade a una persona è il risultato della natura umana. Un bue può sperimentare solo ciò che è inerente alla sua natura, così come una vite o una pietra. Pertanto, se ogni cosa incontra ciò che è tipico e atteso, perché ci si dovrebbe lamentare? La natura non porta nulla che non si possa sopportare.

47. Eliminare il giudizio: Liberare il potere di superare il disagio e il dolore

Se provate disagio a causa di qualcosa di esterno, non è l'oggetto in sé, ma il vostro giudizio a causare il disturbo. Avete il potere di eliminare questo giudizio proprio ora. Allo stesso modo, se c'è qualcosa nella vostra disposizione che provoca dolore, cosa vi impedisce di correggere la vostra opinione al riguardo? E se vi sentite addolorati per non aver fatto ciò che ritenete giusto, perché non agite invece di lamentarvi? C'è un ostacolo insormontabile sulla vostra strada? Se è così, non siate addolorati, perché il motivo della sua mancata realizzazione non è sotto il vostro controllo. Ma se sentite che la vita non vale la pena di essere vissuta senza raggiungere questo obiettivo, lasciate la vita felicemente come chi ha realizzato tutto ciò che desiderava, anche se ostacolato da ostacoli.

48. La forza inespugnabile dentro di voi: Scoprire il potere dell'autocontrollo per una vita sicura e felice

Ricordate che la forza dominante dentro di noi è inespugnabile. Quando possediamo l'autocontrollo, siamo soddisfatti di noi stessi. Agiamo solo in base alle nostre scelte, anche se resistiamo per testardaggine. Ma quando prendiamo decisioni basate sulla ragione e sull'intenzione, questo potere diventa ancora più forte. Pertanto, una mente libera dalle emozioni è come una fortezza, che offre all'uomo il rifugio più sicuro. Chi non l'ha ancora capito è un ignorante, mentre chi lo sa ma non si rifugia in questa fortezza interiore è un infelice.

49. Padroneggiare l'arte della prima impressione: Come rispettarle può aiutarvi a evitare inutili complicazioni

Parlate solo di ciò che emerge dalle prime impressioni. Se sentite che qualcuno parla male di voi, riconoscete che è stato detto, ma non date per scontato che vi sia stato fatto un torto. Se vedo che mio figlio non sta bene, ne prendo atto, ma non penso automaticamente che sia in pericolo. Pertanto, attenetevi sempre alle prime impressioni e non aggiungete nulla della vostra immaginazione, ed eviterete inutili complicazioni. Piuttosto, adottate la mentalità di una persona informata su tutto ciò che accade nel mondo.

50. La magnifica arte della natura: Come trasforma il vecchio in qualcosa di nuovo senza sprechi

Se un cetriolo è amaro, scartatelo. Se ci sono rovi sulla strada, evitateli. Non mettete in dubbio il motivo per cui queste cose esistono nel mondo, perché invitereste solo al ridicolo coloro che comprendono la natura, proprio come verreste derisi da un falegname o da un calzolaio se criticaste i trucioli e i ritagli del loro laboratorio. Tuttavia, questi artigiani dispongono di aree di smaltimento per questi rifiuti, mentre le magnifiche opere della natura non hanno spazi esterni. Eppure, la sua arte è così straordinaria che, pur essendo costretta, tutto ciò che dentro di lei sembra appassire, invecchiare e diventare obsoleto, lei lo trasforma in qualcosa di nuovo, senza bisogno di attingere dal mondo esterno o di avere un luogo dove scartare ciò che è degradato. Si accontenta del proprio spazio, della propria sostanza e della propria maestria.

51. Padroneggiare la pace interiore: Il potere della semplicità e della modestia

Non siate oziosi nelle vostre azioni, disordinati nelle vostre conversazioni, dispersi nei vostri pensieri, pieni di conflitti interiori o di sfoghi esterni. E non siate così preoccupati dalla vita da non avere tempo per lo svago.

Se gli altri vi fanno del male, vi insultano o vi maledicono, questo non deve intaccare la vostra mentalità pura, saggia, sobria e giusta. Proprio come una sorgente limpida e pura che continua a scorrere indipendentemente dal fatto che qualcuno la maledica o la inquini con la sporcizia, anche voi potete mantenere uno stato perpetuo di libertà e soddisfazione praticando ogni giorno la semplicità e la modestia.

52. La pericolosa ricerca di uno scopo: navigare nell'identità e nella convalida in un mondo confuso

Chi non conosce il mondo è perduto, perché non sa qual è il suo posto in esso. Allo stesso modo, chi non comprende lo scopo del mondo, non conosce la propria identità né la vera natura del mondo. Una persona che non riesce ad afferrare questi concetti fondamentali non può definire il proprio scopo nella vita. Cosa ne pensate di chi cerca conferme da persone che non comprendono appieno nemmeno se stessi o il mondo che li circonda?

53. Il paradosso della ricerca di approvazione da parte di persone autocritiche

Desiderate essere lodati da qualcuno che si rimprovera costantemente ogni ora? Vi sforzereste di compiacere qualcuno che non riesce a compiacere nemmeno se stesso? Una persona può essere veramente soddisfatta di se stessa se si pente di quasi tutto ciò che fa?

54. Liberare il potere dell'intelletto universale: Sincronizzazione del respiro oltre l'aria

Non limitate il vostro respiro a sincronizzarvi solo con l'aria circostante. Permettete invece al vostro intelletto di allinearsi con l'intelligenza che comprende tutto. Il potere dell'intelletto è uniformemente distribuito e presente in tutte le cose, accessibile a chiunque lo cerchi, così come l'aria che respiriamo è disponibile per chiunque possa inalarla.

55. La malvagia verità: come essere cattivi non fa male a nessuno se non a se stessi

In generale, l'essere malvagi non ha effetti dannosi sull'universo. In particolare, la malvagità di una persona non danneggia un'altra. Il danno riguarda solo la persona che possiede la malvagità, che può liberarsi da essa in qualsiasi momento.

56. Il potere dell'autonomia: come il valore del proprio libero arbitrio protegge dalle malefatte del prossimo

Credo che il libero arbitrio del mio prossimo non sia più importante per me di quanto lo siano i suoi attributi fisici, come il respiro o la carne, perché io do valore soprattutto al mio libero arbitrio. Sebbene siamo stati creati per coesistere, ognuno di noi possiede la propria autorità e il proprio scopo. Infatti, se non avessimo la nostra autonomia, le malefatte del mio vicino potrebbero danneggiarmi, e questo non è ciò che Dio intende. Egli desidera che la nostra felicità non dipenda dalle azioni degli altri.

57. Oltre la dispersione: Come ampliare la comprensione dei raggi solari

Il sole sembra riversare la sua luce in tutte le direzioni, ma non è semplicemente dispersa. Questa diffusione della luce è un'estensione e i suoi raggi sono chiamati "estensioni" perché si allungano. Si può capire cos'è un raggio osservando la luce del sole che passa attraverso una piccola apertura in una stanza buia. La luce viaggia in linea retta ed è bloccata da oggetti solidi, ma rimane fissa e non si allontana. Allo stesso modo, la mente dovrebbe estendere la sua comprensione senza essere vigorosa o impetuosa nei confronti degli ostacoli, ma con un'illuminazione costante. Altrimenti, questi ostacoli impediranno l'illuminazione.

58. Oltre la paura: come abbracciare la morte potrebbe portare a una nuova sensazione di essere

Chi teme la morte ha paura di perdere la sensazione o di sperimentarne una diversa. Tuttavia, se non si hanno sensazioni, non si prova alcun male. E se si sperimenta un'altra sensazione, si diventa un nuovo tipo di essere e si continua a vivere.

59. Elevare l'umanità: Il potere dell'educazione, della guida e della compassione

Gli esseri umani esistono per sostenersi ed elevarsi a vicenda. Pertanto, dobbiamo educarli e guidarli oppure avere pazienza e compassione nei loro confronti.

60. La mente inarrestabile: Navigare verso gli obiettivi con fiducia

Una freccia e la mente si muovono in modi diversi. Tuttavia, la mente avanza verso il suo oggetto con direzione costante, sia che eserciti cautela sia che esplori attraverso l'indagine.

61. L'invasione della mente: La chiave per sbloccare la vostra facoltà di ragionamento

Invadete la facoltà di ragionamento di ogni uomo e permettete a ogni altro uomo di invadere la vostra.

LIBRO 9

— Dare forza alla benevolenza

Prendetevi un momento per ricordare che la vita è un ciclo di gioia e dolore. Rispettate le leggi della natura, perseguite il piacere invece del dolore, fuggite il pericolo per evitare il peccato e accettate la morte e l'ignoto. Comprendere le conseguenze delle azioni ingiuste, trovare soddisfazione nella volontà di Dio e liberare la mente per allinearsi con la natura. Dare forza alla benevolenza, cercare la felicità attraverso la gentilezza e liberare l'anima per trovare la pace. Le azioni parlano più dei sentimenti e una pietra neutra non ha alcun beneficio o danno. Esaminare i propri sentimenti può aiutare nei conflitti di autopercezione, e il cambiamento è inevitabile. Unitevi per il bene comune e trovate conforto negli dei. Abbracciate l'inevitabilità delle scelte, l'esame di coscienza, la transitorietà della vita, il peso dell'innocenza e il ciclo infinito dell'universo. Scegliete la modestia al posto della vanità, evitate le cose spiacevoli e liberatevi dalle opinioni. Quando guardate le complessità della vita, concentratevi sull'intento, imparate la mitezza in un mondo di impudenza e sbloccate la vostra mente con la preghiera.

1. L'empietà dell'agire ingiustamente: come l'andare contro la natura universale porta al disordine

Chi agisce ingiustamente lo fa in modo empio. La natura universale ha creato gli animali razionali per aiutarsi l'un l'altro secondo i loro meriti, ma non per farsi del male l'un l'altro. Pertanto, chi disobbedisce a questa legge è empio nei confronti della più alta divinità. Allo stesso modo, chi mente è empio nei confronti della stessa divinità, poiché la natura universale esiste per creare cose vere. Chi mente intenzionalmente agisce ingiustamente ingannando, mentre chi mente involontariamente va contro la natura universale e sconvolge l'ordine naturale del mondo. Questo accade perché non riesce a distinguere la falsità dalla verità a causa del mancato utilizzo dei poteri ricevuti dalla natura.

Inoltre, chi crede che il piacere sia buono e il dolore cattivo, agisce in modo empio. Questo perché tale persona incolpa erroneamente la natura universale di assegnare cose contrarie al merito. Spesso i cattivi godono del piacere e delle cose che portano piacere, mentre i buoni soffrono del dolore e delle cose indesiderabili. Allo stesso modo, quando qualcuno ha paura del dolore o cerca di evitare le cose che accadranno nel mondo, agisce in modo empio.

Coloro che seguono la natura devono essere dello stesso avviso, poiché si tratta di questioni che la natura universale è ugualmente interessata. Questo per dire che per il dolore, il piacere, la morte, la vita, l'onore o il disonore, che la natura universale tratta in modo uguale, chi non è colpito in modo uguale agisce in modo empio. Dico che la natura universale li tratta in modo uguale, invece di dire che accadono allo stesso modo a coloro che sono nati in una serie continua e a coloro che sono venuti dopo, in virtù di un certo movimento originario della Provvidenza, secondo il quale essa si è mossa da un certo inizio a questo ordine di cose. Essa concepì certi principi delle cose che dovevano essere e determinò le potenze che producevano gli esseri, i cambiamenti e simili successioni.

2. Trovare la beatitudine finale: Sfuggire all'inganno e alla corruzione nella vita e nella morte

La beatitudine finale di un uomo sarebbe quella di lasciare questa vita senza essere macchiato da inganni, finzioni, stravaganze e presunzione. Tuttavia, se si è già sazi di queste cose, la partenza da questo mondo sarebbe la cosa migliore, come si suol dire.

Avete deciso di persistere nel vizio? L'esperienza non vi ha ancora convinto a fuggire da questo flagello? Perché la corruzione della mente è un flagello, molto peggiore di qualsiasi malattia aerea che circola intorno a noi. Perché questa contaminazione colpisce gli animali solo in quanto animali, mentre la prima infetta l'umanità nel suo nucleo.

3. Abbracciare l'inevitabile: Perché accettare la morte è essenziale per una vita appagante

Non disprezzate la morte, ma accettatela come una delle operazioni necessarie della natura. Così come è naturale essere giovani, invecchiare, maturare, sviluppare caratteristiche fisiche come denti e peli sul viso e procreare, anche la dissoluzione è una parte naturale della vita. Perciò è importante che una persona riflessiva non ignori né affretti la morte, ma la consideri piuttosto come un processo naturale. Proprio come si attende pazientemente la nascita di un bambino, siate pronti per la partenza della vostra anima da questo corpo.

Se avete bisogno di un ulteriore conforto per fare pace con la morte, considerate le cose e le persone che vi lascerete alle spalle. Invece di nutrire risentimento verso gli altri, è vostra responsabilità prendervi cura di loro con delicatezza, ricordandovi che non vi allontanerete da coloro che condividono i vostri valori. Questa è l'unica cosa che ci fa desiderare di aggrapparci alla vita: l'opportunità di vivere con persone che condividono i nostri stessi principi. Tuttavia, la realtà è che la discordia tra coloro che vivono insieme può essere una grande fonte di angoscia. In questi casi, è accettabile gridare: "Vieni presto, o Morte, perché non mi dimentichi".

4. L'autolesionismo del torto e dell'ingiustizia: L'effetto karma negativo

Chiunque agisca in modo sbagliato sta facendo del male a se stesso. Allo stesso modo, anche chi agisce ingiustamente sta causando un danno a se stesso, perché sta creando un karma negativo per sé.

5. L'ingiustizia dell'inazione: Come l'astensione può essere dannosa quanto l'azione

Spesso chi si astiene dal fare qualcosa può essere colpevole di agire ingiustamente, non solo chi commette attivamente un atto ingiusto.

6. Sufficientemente contenuto: Come le vostre convinzioni e le vostre azioni vanno a beneficio della società

Le vostre attuali convinzioni sono basate sulla vostra comprensione, le vostre attuali azioni sono finalizzate al beneficio della società e possedete una disposizione attuale di essere soddisfatti di tutti gli eventi: questo è sufficiente.

7. Padroneggiare l'autocontrollo: L'arte di domare la mente e i desideri

Sopprimete l'immaginazione, controllate i vostri desideri e spegnete l'appetito eccessivo. Tenete sotto controllo la vostra facoltà razionale e mantenete il controllo sulla vostra mente e sulle vostre decisioni.

8. Un'anima, due esseri: La differenza tra animali razionali e non razionali

Gli animali non razionali possiedono un'unica vita, mentre gli animali razionali possiedono un'unica anima intelligente. Questo è paragonabile al fatto che tutte le creature terrestri condividono una sola terra, una sola luce ci illumina tutti e tutti respiriamo la stessa aria, indipendentemente dal fatto che possiamo vedere o essere vivi.

9. Il fascino della connessione: Il legame naturale tra esseri e oggetti

Tutti gli oggetti che hanno una caratteristica comune sono naturalmente attratti l'uno verso l'altro. Gli oggetti terrestri sono attratti dal suolo, i liquidi scorrono insieme e le sostanze aeree si comportano allo stesso modo, richiedendo una forza per tenerli separati. L'elemento del fuoco, invece, si muove verso l'alto a causa della sua natura intrinseca, ma è altamente reattivo con tutte le altre forme di fuoco, rendendo facile l'accensione di materiali secchi con minore resistenza. Allo stesso modo, le creature che condividono una natura razionale comune sono attratte l'una dall'altra. Questa attrazione è tanto più intensa quanto più aumenta il grado di superiorità. Lo si vede nelle api, nel bestiame e negli uccelli, dove esiste persino una forma di amore che permette loro di riunirsi e formare gruppi. Negli animali razionali come gli esseri umani, si assiste alla formazione di comunità sociali, amicizie e unità familiari. Anche la politica e la guerra entrano in gioco, con trattati e armistizi tra Stati nazionali. Tra gli esseri più elevati, anche se separati l'uno dall'altro, esiste un'unità condivisa, come si vede chiaramente nelle stelle. Salendo a livelli più elevati dell'essere, si può indurre questa simpatia umana, anche tra entità altrimenti separate. Tuttavia, nonostante questa inclinazione naturale, gli esseri umani sono gli unici esseri intelligenti che cercano attivamente di evitare questa connessione. Tuttavia, la nostra struttura essenziale ci attira attivamente verso gli altri, creando così un legame inevitabile che è più forte della nostra volontà. Basta guardare da vicino per vederne la prova. Le probabilità di trovare un oggetto privo di alcuni attributi terreni sono maggiori di quelle di trovare una persona completamente sola.

10. Il trio fecondo: gli esseri umani, Dio e l'universo, potenziati dalla ragione

Sia gli esseri umani, sia Dio, sia l'universo portano frutto, ciascuno producendolo al momento opportuno. Anche se la società ha associato in modo specifico questi termini alla vite e a piante simili, ciò non è significativo. La ragione produce frutti per tutti e per se stessa. Inoltre, crea cose paragonabili alla ragione stessa.

11. Rompere le barriere: Dare potere agli altri e perdonare con compassione

Se ne avete la possibilità, è consigliabile educare coloro che si sono smarriti. Tuttavia, se non potete, ricordate sempre che il perdono è un'opzione. Anche gli dei sono indulgenti nei confronti di questi individui. Possono persino aiutarli a ottenere buona salute, ricchezza e rispetto, tanto sono compassionevoli. Voi avete la capacità di fare lo stesso. Allora, chi o cosa vi ostacola?

12. Padroneggiare l'autocontrollo: La chiave del successo nei contesti sociali

Non lavorate come qualcuno che è infelice, né come qualcuno che cerca pietà o ammirazione. Concentrate invece la vostra forza di volontà su un unico obiettivo: agire e trattenersi secondo le norme sociali.

13. Emergere più forti: Superare i problemi interni

Oggi sono uscito da tutti i problemi. O, per essere più precisi, mi sono liberato di tutti i problemi che non erano esterni, ma piuttosto erano dentro di me e nelle mie convinzioni.

14. Ricordi sepolti: La futilità dell'attaccamento al presente fugace

Tutto è familiare e fugace, senza valore intrinseco. Il presente non è diverso dal passato, come dimostrano coloro che sono ormai sepolti.

15. Il potere della nostra facoltà di governare: Giudicare gli oggetti senza opinioni

Gli oggetti esistono in modo indipendente, senza conoscenza o opinioni su se stessi. Allora, chi o cosa giudica gli oggetti? La risposta sta nella nostra facoltà di giudizio.

16. Il potere dell'azione: Scoprire le virtù e i vizi degli animali sociali razionali

Il male e il bene di un animale sociale razionale non si trovano nella passività, ma piuttosto nell'attività. Allo stesso modo, le virtù e i vizi derivano dalle loro azioni, non dalla loro mancanza.

17. Il paradosso dell'elevazione e della discesa: Esplorare l'etica della gravità

Non è un male che una pietra che è stata innalzata scenda, né è necessariamente un bene che sia stata innalzata in primo luogo.

18. I giudici invisibili: Esplorare i principi fondamentali e la percezione di sé degli uomini

Approfondendo i principi fondamentali degli uomini, scoprirete quali sono i giudici che temono e quali sono i tipi di giudici che percepiscono come tali.

19. L'eterna danza della trasformazione e della distruzione nell'universo

Tutto cambia continuamente, anche voi stessi, che siete un processo costante di trasformazione e distruzione. Questo vale per l'intero universo.

20. L'imperativo morale del non intervento: Perché dobbiamo lasciare che gli altri affrontino le conseguenze delle loro azioni

Avete la responsabilità di lasciare le azioni illecite di un'altra persona così come sono.

21. Abbracciare il cambiamento: Affrontare la paura della fine della vita e dei nuovi inizi attraverso l'editing

Terminare un'attività, interrompere il movimento ed essere aperti al cambiamento, e in un certo senso accettare la sua trasformazione, non è una cosa negativa. Pensiamo ora alla vostra vita: da bambino, da giovane, da uomo e da anziano. In ognuna di queste fasi, ogni alterazione è stata una forma di cessazione. Resta da chiedersi se si debba temere questo cambiamento. Riflettete sulla vostra vita sotto il nonno, seguita da quella sotto la madre e poi sotto il padre. Mentre riflettete sulle molteplici differenze, sui cambiamenti e sulla fine che avete vissuto, chiedetevi: c'è qualcosa di cui avere paura? Pertanto, in modo analogo, non bisogna temere la fine, la cessazione e la trasformazione che si verificano nell'intera vita di un individuo.

22. Padroneggiare l'autogoverno in un universo di uguali: Una riflessione su giustizia e responsabilità

Esaminate rapidamente la vostra capacità di governare voi stessi, l'universo e i vostri vicini. Lavorate per rendere il vostro autogoverno giusto ed equo e ricordate il vostro posto nell'universo. Considerate le azioni del vostro vicino e se sono state fatte con ignoranza o con consapevolezza, e considerate che la loro capacità di governarsi è come la vostra.

23. Contribuire al bene comune: L'importanza delle azioni socialmente utili

In quanto membro della società, ogni azione che si compie deve contribuire al bene comune. Qualsiasi azione che non abbia un beneficio sociale diretto o indiretto lacera il tessuto della vostra vita ed è simile a una ribellione, come l'allontanarsi dal gruppo in una riunione pubblica. Pertanto, sforzatevi di rendere ogni azione una componente preziosa della vita sociale.

24. Ritratti di cimiteri: Un ricordo inquietante tra litigi di bambini e corpi senza vita

I litigi dei bambini e i loro giochi, insieme alla presenza di spiriti abbattuti che trasportano corpi senza vita, sono le cose che vediamo intorno a noi. È proprio per questo che la rappresentazione dei cimiteri è così importante.

25. Forma senza materia: Esplorare la durabilità della forma negli oggetti

Analizzare la forma di un oggetto, indipendentemente dalla sua composizione materiale, e riflettere su di essa. Quindi, accertate la durata massima che un oggetto con questa forma è progettato per resistere.

26. Sbloccare la vera contentezza: Lasciare andare i limiti della mentalità razionale

Avete sofferto infinite difficoltà non trovando soddisfazione nella capacità della vostra mente razionale di agire secondo il suo scopo naturale. Basta così.

27. Il potere dell'empatia: Comprendere coloro che vi biasimano e vi odiano

Quando qualcuno vi rimprovera, vi odia o parla male di voi, prendetevi un momento per entrare in empatia con lui e capire la sua prospettiva. Cercate di capire che tipo di persona è veramente nel profondo. Probabilmente scoprirete che non c'è bisogno di preoccuparsi delle loro opinioni o dei problemi che possono cercare di causarvi. Ricordate che sono solo esseri umani e che spesso le loro azioni sono guidate dalle loro debolezze e insicurezze.

Detto questo, è importante trattarli con gentilezza e rispetto, perché in fondo sono nostri simili. Vale la pena ricordare che anche gli dei vegliano su di loro, inviando sogni e segni per guidarli verso i loro obiettivi e le loro aspirazioni. Abbiate quindi fiducia nel loro cammino e teneteli nel vostro cuore con compassione.

28. L'eterna danza dell'universo: Esplorare le origini e le trasformazioni della vita

I movimenti dell'universo sono coerenti, ciclici ed eterni. L'intelligenza universale è responsabile di ogni effetto o, in alternativa, mette in moto le cose una volta sola e gli eventi successivi seguono in sequenza. Un'altra possibilità è che gli elementi indivisibili siano l'origine di tutte le cose. In definitiva, se esiste un Dio, tutto è come dovrebbe essere. Se il caso prevale, è meglio non farsi influenzare da esso.

Alla fine saremo tutti ricoperti dalla terra e la terra stessa si trasformerà insieme a tutto ciò che deriva dal cambiamento, in modo continuo e senza fine. Quando ci si rende conto della rapidità del cambiamento e delle infinite trasformazioni che porta con sé, si arriva a ignorare tutto ciò che è soggetto a decadere.

29. La modesta opera della natura: Un monito contro la finzione politica

La causa universale è come un torrente invernale impetuoso, che travolge tutto. Eppure, quanto sono inutili coloro che si occupano di questioni politiche, credendosi filosofi! Sono tutti semplicemente degli sciocchi chiacchieroni.

Quindi, caro uomo, fai ciò che la natura ti chiede. Se è in tuo potere, mettiti in moto senza guardarti intorno per vedere se qualcuno ti osserva. Non aspettatevi una società grandiosa e utopica come la Repubblica di Platone. Accontentatevi invece dei piccoli successi e considerateli grandi conquiste. Dopo tutto, chi può veramente cambiare le opinioni di un'altra persona? Senza questo cambiamento, ci rimane la schiavitù di coloro che fingono di obbedire ma che in realtà soffrono.

E che dire di Alessandro, Filippo e Demetrio di Falero? Solo loro possono giudicare se hanno vissuto secondo le esigenze della natura. Se hanno agito come eroi tragici, allora non hanno dato un esempio degno di essere seguito. Il lavoro della filosofia è semplice e modesto. Non lasciatevi trascinare dall'arroganza e dalla presunzione.

30. Riflessioni sulla diversità dell'umanità: Una visione a volo d'uccello

Osservate a volo d'uccello il vasto numero di uomini e le loro diverse abitudini ed esperienze, sia che sfidino le tempeste sia che si godano le acque tranquille. Riflettete sulle diversità tra coloro che nascono, vivono insieme e passano. Inoltre, riflettete sulla vita di coloro che ci hanno preceduto, di coloro che verranno dopo di noi e di coloro che vivono in società primitive e che forse non sanno nemmeno chi siete. Rendetevi conto che ci sono innumerevoli persone che dimenticheranno il vostro nome, anche coloro che ora vi lodano potrebbero presto condannarvi. Ricordate che il nome, la reputazione e tutto il resto non hanno senso.

31. L'impegno per la libertà e la giustizia nelle interazioni sociali positive: Abbracciare la nostra natura innata

È fondamentale garantire la libertà dai disturbi causati da fattori esterni. Inoltre, è importante sostenere la giustizia nelle azioni che derivano da impulsi interni. Queste azioni dovrebbero essere incentrate su interazioni sociali positive, in quanto in linea con la nostra natura innata.

32. Liberare la mente: come la contemplazione della vastità dell'universo può eliminare i disturbi inutili

Potete facilmente eliminare numerose cose inutili che vi disturbano, poiché esistono solo nella vostra opinione. Comprendendo la vastità dell'universo attraverso la contemplazione della sua eternità e osservando i rapidi cambiamenti che avvengono in tutte le cose dalla nascita alla dissoluzione, libererete un ampio spazio mentale. Vale la pena notare che il tempo prima della nascita e dopo la dissoluzione è ugualmente sconfinato.

33. L'inevitabile decadenza: Testimoniare la natura deperibile della vita

Tutto ciò che vedete prima o poi perirà, e anche coloro che assistono alla sua scomparsa moriranno presto. Anche chi vive in età avanzata finirà nello stesso stato di chi è morto giovane.

34. Le motivazioni e i principi paradossali alla base dell'espressione di amore e rispetto

Quali sono i principi primari che guidano questi uomini e quali sono le attività che li occupano? Inoltre, cosa li spinge a esprimere amore e rispetto? Immaginate i loro pensieri ed emozioni più intimi completamente esposti. L'idea che credano che i rimproveri facciano male e i complimenti facciano bene sembra piuttosto assurda!

35. L'inevitabilità del cambiamento e la follia del perfezionismo

La perdita è solo una forma di cambiamento. La natura universale prova piacere nel cambiamento e tutte le cose sono state e saranno sempre soggette ad esso. Fin dall'eternità, le cose sono state modellate in modo coerente e simile, e rimarranno così per tutto il tempo. Credete che ogni cosa passata, presente e futura sia intrinsecamente difettosa? Che innumerevoli dei non siano stati in grado di risolvere questi problemi e che il mondo sia per sempre maledetto da un caos senza fine?

36. Morphing Matter: L'essenza mutevole della vita

La decadenza al centro di tutte le cose! Acqua, polvere, ossa e sporcizia. Le rocce di marmo, le parti grezze della terra. L'oro e l'argento sono semplici sedimenti, mentre gli abiti sono fatti di semplici capelli. Anche la regale tintura viola è solo sangue, e tutto il resto lo segue. Anche l'essenza della vita è soggetta a trasformazioni, passando continuamente da una forma all'altra.

37. Spezzare il ciclo dell'infelicità: Semplificare la vita e migliorare noi stessi

Smettete di vivere una vita infelice con lamentele e comportamenti immaturi. Perché sei arrabbiato? Cosa sta causando il vostro disagio? È l'aspetto della situazione? Osservatela. Oppure è la sostanza? Analizzatela. Oltre a questi fattori, non c'è altro. Semplifichiamo quindi il nostro approccio alle divinità e miglioriamo noi stessi. Che ci si osservi su questi temi per soli tre anni o per cento, è lo stesso.

38. Sfortunato o ingiusto? Esplorare il gioco delle colpe nelle disgrazie

È la sua sfortuna se ha subito una disgrazia a causa delle sue azioni. Tuttavia, esiste la possibilità che non abbia fatto nulla di male.

39. Il dilemma finale: esiste un'unica fonte intelligente o solo atomi dispersi?

Tutte le cose provengono da un'unica fonte intelligente e lavorano insieme come un corpo unico, in cui le singole parti non possono criticare le azioni intraprese a beneficio del tutto? O esistono solo gli atomi in uno stato di mescolanza e dispersione? Se è così, perché siete preoccupati? Rivolgetevi alla facoltà dirigente e chiedete se si è corrotta, se è diventata ipocrita o addirittura animalesca, allevando e nutrendo gli altri.

40. Aiuto per superare la paura, i desideri e il dolore: Ripensare le preghiere agli dei

Gli dei hanno potere o no? Se non ce l'hanno, perché vi preoccupate di pregarli? Ma se hanno potere, perché non chiedere loro di aiutarvi a superare le vostre paure, i vostri desideri e il vostro dolore, invece di chiedere loro di impedire che queste cose accadano?

Dopo tutto, se gli dei possono lavorare con gli esseri umani, possono sicuramente lavorare anche su questi problemi.

Potreste sostenere che gli dei vi hanno dato il libero arbitrio, ma non è meglio usare questo potere per controllare ciò che si può piuttosto che desiderare ciò che non si può? E chi dice che gli dei non possano aiutarci con le nostre lotte personali? Iniziate a chiedere aiuto per queste cose e vedrete cosa succede.

Ad esempio, invece di chiedersi "Come posso sedurre quella donna?", chiedetevi "Come posso resistere alla tentazione di inseguirla?". Oppure, invece di chiedere "Come posso uscire da questa situazione?", chiedete "Come posso smettere di sentire il bisogno di scappare?". E invece di chiedere "Come posso evitare che mio figlio muoia?", chiedete "Come posso superare la paura di perdere mio figlio?".

Provate a cambiare le vostre preghiere in questo modo e vedete quali risultati ne derivano.

41. Padroneggiare la mente: Seguire l'esempio di Epicuro per mantenere il benessere nonostante i disturbi

Epicuro afferma che durante la sua malattia non parlò delle sue afflizioni fisiche. Si astenne invece dal discutere di tali argomenti con i visitatori e continuò a parlare di come la mente possa mantenere il suo benessere nonostante i disturbi del corpo. Credeva nella necessità di mantenere la mente libera dai disturbi e di rimanere concentrata sul proprio bene. Non permise ai medici di apparire grandiosi nel trattarlo. Al contrario, la vita di Epicuro continuò a essere soddisfatta e gioiosa. Pertanto, seguendo il suo esempio, si dovrebbe perseverare nell'adesione alla filosofia, indipendentemente da qualsiasi situazione si presenti. È un principio fondamentale di tutte le scuole di pensiero astenersi da frivole discussioni con individui ignoranti e concentrarsi unicamente sul compito da svolgere e sugli strumenti necessari per portarlo a termine.

42. L'arte di capire: Come riconoscere la natura umana ci aiuta a trovare la pace interiore

Quando vi sentite offesi dal comportamento spudorato di qualcuno, chiedetevi: È possibile che le persone senza vergogna non esistano? La risposta è no. Non aspettatevi l'impossibile. Riconoscete che questa persona è solo una delle tante che si comportano in questo modo e che deve esistere nel nostro mondo. Applicate lo stesso ragionamento alle persone disoneste e a chiunque commetta un'infrazione. Quando riconoscete che queste persone esisteranno sempre, diventerete più comprensivi nei confronti di tutti gli individui. Ricordate che la natura ci ha dotato delle virtù per opporci a ogni atto illecito: la mitezza contro la stupidità e altri poteri contro altri tipi di persone.

Quando si verifica una situazione, è utile riconoscere la virtù che la natura ci ha dato per contrastare qualsiasi atto illecito. Invece di arrabbiarvi, dovreste pensare di insegnare alla persona che ha sbagliato. Dopo tutto, chi sbaglia ha mancato il suo obiettivo e ha bisogno di una guida. Inoltre, pensate se le azioni della persona vi danneggiano. Il più delle volte, chi ci offende non ha fatto nulla per peggiorare la nostra mente. Il male che vediamo nelle loro azioni esiste solo nella nostra mente.

Se vi ritrovate a incolpare qualcuno di essere infedele o ingrato, fate un passo indietro ed esaminate la situazione. La colpa potrebbe essere vostra, per esservi fidati di qualcuno che non era degno di fiducia o per non aver dato veramente la vostra gentilezza senza aspettarvi nulla in cambio. L'atto di benevolenza è la sua stessa ricompensa. Quando agiamo secondo la nostra natura per aiutare gli altri e promuovere il bene comune, realizziamo il nostro scopo e riceviamo la nostra soddisfazione.

LIBRO 10

— Svelare la propria forza interiore

Prendete in mano la vostra vita e apprezzatene la bellezza. Seguite il vostro cuore e ignorate le questioni non importanti. Capire che è giusto commettere errori e che non è necessario essere perfetti per essere una brava persona. Considerare il benessere degli altri, perché tutto nel mondo è collegato. Riconoscere che tutto cambia nel tempo. Cercare di essere una persona gentile, umile e onesta. Rendersi conto che il dubbio e la paura possono portare al successo o al fallimento e persistere anche quando si fallisce. Una brava persona è onesta, educata e disponibile, quindi concentratevi su queste qualità. Le uniche cose che contano sono le vostre convinzioni e le vostre azioni. Ricordate che la natura ci fornisce cibo e acqua per il bene di tutti e che il mondo ama ogni cosa esistente e non. Accogliete la vita come un viaggio e sfruttatela al massimo, perché la vita è un mistero e non possiamo sempre controllare ciò che accade.

1. **L'impegno per la pura contentezza: Vivere in armonia con il Divino e il mondo circostante**

Tu, anima mia, ti sforzerai mai di essere buona, semplice e pura, più trasparente del corpo che ti circonda? Sarai mai contenta e soddisfatta di tutto ciò che ti circonda? Sarai appagata, senza desiderare nulla - né vivente né inanimato - solo per la ricerca del piacere? Vi abbandonerete alla vita senza desiderare più tempo, un ambiente diverso, un clima migliore o una compagnia perfetta? Apprezzerete la vostra situazione attuale, vi accontenterete di tutto ciò che vi sta vicino e crederete che tutto viene dal divino e che tutto accade per una ragione? Sosterrete che tutto va bene e che rimarrà così, sia che gli dei provvedano o meno, per l'essenza perfetta, giusta e bella della vita che lega e racchiude tutte le cose, permettendo loro di trasformarsi e riprodursi?

Avrete cura di vivere tra gli dei e gli uomini in perfetta armonia, senza alcun motivo di colpa o di condanna?

2. Abbracciate i vostri istinti: una guida per bilanciare la razionalità e l'essere naturale

Osservate ciò che la vostra natura richiede, lasciatevi guidare unicamente dal vostro istinto. Seguitelo e accoglietelo se non danneggia il vostro benessere come esseri viventi. Prestate attenzione anche a ciò che richiede la vostra natura di animale razionale. Potete dedicarvi a queste attività se non influiscono negativamente sulla vostra razionalità. Tuttavia, ricordate che, in quanto animale razionale, siete anche un essere sociale. Pertanto, attenetevi a queste linee guida e non preoccupatevi di altro.

3. Dalla resistenza alla forza: Affrontare le sfide della vita con il dono della natura

Tutto ciò che accade rientra nella vostra capacità di sopportazione per natura, oppure la supera. Se rientra nelle vostre capacità, non lamentatevi. Sopportate, come siete stati progettati per fare. Ma se supera le vostre capacità, non lamentatevi perché alla fine vi consumerà e svanirà. Ricordate che la natura vi ha attrezzato per sopportare tutte le cose e che avete il potere di renderle sopportabili e tollerabili vedendole come vantaggiose o necessarie.

4. Risposte responsabilizzanti: Correggere gli errori con responsabilità e gentilezza

Se una persona si sbaglia, istruitela gentilmente e fatele notare l'errore. Tuttavia, se non siete in grado di farlo, assumetevi la responsabilità della situazione o evitate di incolparvi del tutto.

5. Destinati dall'inizio: Scoprire i fili della propria esistenza

Qualsiasi cosa vi accada, era già destinata a voi fin dall'inizio dei tempi. La causa e l'effetto erano in movimento, tessendo il tessuto della vostra esistenza e di tutto ciò che ne consegue.

6. Il potere della connessione: Trovare la soddisfazione nel sistema della natura

Innanzitutto, stabiliamo se l'universo è composto da atomi o se la natura è organizzata in un sistema. A prescindere da ciò, riconosco di essere una parte dell'insieme governato dalla natura e di essere intimamente legato a coloro che sono come me. Sapendo questo, non posso essere scontento del ruolo che mi è stato assegnato all'interno del tutto. Ciò che giova all'insieme non è dannoso per la parte, e tutto ciò che fa parte dell'insieme contribuisce al suo vantaggio. L'universo ha un ulteriore principio: non può generare nulla di dannoso per se stesso, nemmeno sotto pressione esterna. Riconoscendo la mia connessione con il tutto, posso trovare soddisfazione in tutte le situazioni. Essendo strettamente legato a chi è come me, non agirò in modo egoistico. Al contrario, darò priorità all'interesse comune e concentrerò i miei sforzi di conseguenza. Seguendo questo percorso, posso condurre una vita felice, proprio come un cittadino può essere soddisfatto compiendo azioni utili alla propria comunità e accettando il ruolo che gli è stato assegnato all'interno dello Stato.

7. Il cambiamento inevitabile: Comprendere il processo naturale dell'universo

Nell'universo, tutto deve naturalmente subire un cambiamento, comprese le parti che compongono il tutto. È necessario capire che questo cambiamento non è necessariamente un male, ma piuttosto una caratteristica intrinseca dell'universo. Tuttavia, se le parti sono soggette al cambiamento, ne consegue che l'insieme non può rimanere in buone condizioni. Sorge quindi la domanda: la natura intendeva che le parti soffrissero il male e ne fossero soggette? O è accaduto accidentalmente? Entrambe le ipotesi sono improbabili.

Anche se eliminassimo il concetto di natura come potenza efficiente e considerassimo semplicemente questi cambiamenti come naturali, sarebbe assurdo esserne sorpresi o sconvolti. Le parti del tutto sono destinate a cambiare e ciò non è in contraddizione con il loro stato naturale. Inoltre, quando le cose si dissolvono, ritornano agli elementi da cui erano composte. Ciò può assumere la forma di una dispersione di questi elementi o della trasformazione della materia da solida a terrestre o da aerea ad aerea. Alla fine, queste parti si ricongiungono alla ragione universale, sia attraverso il rinnovamento sia attraverso il consumo da parte del fuoco.

È importante ricordare che anche le parti solide e aeree che compongono il nostro corpo e il mondo che ci circonda non sono permanenti. Sono state acquisite solo di recente attraverso l'assunzione di cibo e aria. Anche loro subiranno dei cambiamenti, ma questo non deve creare preoccupazioni o obiezioni.

In breve, tutto è soggetto a cambiamenti, e non è una cosa di cui stupirsi o turbarsi. È un processo naturale, parte integrante dell'universo e delle parti che lo compongono.

8. Trasforma la tua vita: Mantenere questi sei nomi cambierà tutto

Una volta adottati questi nomi - buono, modesto, vero, razionale, equanime e magnanimo - fate attenzione a non perderli. Se vi capita di perderli, recuperateli senza indugio. Razionale si riferisce a un'attenzione perspicace per ogni cosa e alla libertà dalla negligenza. L'equanimità è l'accettazione consapevole delle circostanze assegnate dalla natura. La magnanimità consiste nell'elevare la parte intellettuale di se stessi al di sopra del piacere, del dolore, della fama, della morte e di tutte le altre cose. Tenere fede a questi nomi, per voi stessi e non per il beneficio degli altri, vi trasformerà e vi permetterà di vivere una vita diversa. Continuare a vivere come si è fatto e a soffrire in questa vita è sciocco e dimostra un eccessivo attaccamento alla vita, come un gladiatore coperto di ferite ma che implora ancora di combattere. Pertanto, aggrappatevi a questi nomi con fermezza, come se foste stati trasportati su un'isola felice. Se vi accorgete di esservi allontanati da questi ideali, trovate un luogo appartato per rimettervi in carreggiata o addirittura lasciate la vita con semplicità, libertà e modestia, ma non per passione. Almeno potrete dire di aver compiuto questa grande impresa prima di abbandonare la vita. Per aiutarvi a ricordare questi nomi, ricordate che gli dei preferiscono che gli esseri ragionevoli siano come loro stessi e non cercano l'adulazione. Inoltre, ricordate che un fico fa il lavoro di un fico, un cane fa il lavoro di un cane, un'ape fa il lavoro di un'ape e una persona dovrebbe fare il lavoro di una persona.

9. Proteggere i propri principi: L'importanza della contemplazione e della comprensione in tempi di guerra e di schiavitù

Mimi, i tuoi santi principi saranno quotidianamente cancellati dalla guerra, dallo stupore, dal torpore e dalla schiavitù. Quante cose immaginate senza studiare la natura e quante ne trascurate? È vostra responsabilità non solo osservare, ma anche agire in modo da migliorare la vostra capacità di affrontare le circostanze. Dovete esercitare la vostra facoltà contemplativa e mantenere la fiducia nella vostra conoscenza senza ostentarla, ma anche senza nasconderla completamente.

Dovete puntare alla semplicità, alla gravità e alla comprensione approfondita di ogni cosa. Questo include la sostanza di ogni cosa, il suo posto nell'universo, la sua durata di vita, la sua composizione e chi ha il potere di possederla o toglierla.

10. La cattura selvaggia: I ragni sono davvero orgogliosi o sono solo dei ladri?

Il ragno gioisce quando cattura una mosca. Allo stesso modo, alcuni si sentono trionfanti dopo aver preso una piccola lepre, aver catturato un'acciuga, aver dato la caccia a un cinghiale o a un orso o aver conquistato i Sarmati. Tuttavia, se consideriamo i loro principi, non sono forse tutti briganti?

11. Trasformare la saggezza: Il cammino magnanimo verso la virtù e la contentezza

Adottate il modo contemplativo di osservare come tutte le cose si trasformano l'una nell'altra. Prestate sempre attenzione e concentratevi su questo aspetto della filosofia. Questa pratica favorisce la magnanimità come nient'altro. Abbracciando questo modo di pensare, si trascende il corpo e si riconosce l'inevitabilità della partenza da questa vita terrena, anche se il momento esatto rimane sconosciuto. In tutte le azioni, ci si impegna totalmente a fare ciò che è giusto. Ci si abbandona completamente alla natura universale, accontentandosi di ciò che è stato assegnato al momento e rinunciando a tutte le distrazioni e alle ricerche inutili. Si rimane indifferenti a ciò che gli altri pensano, dicono e fanno, concentrandosi invece sulle due cose che contano: fare la cosa giusta e accontentarsi dei propri incarichi attuali. Seguendo un percorso virtuoso attraverso la legge, si raggiunge la retta via e si rimane vicini a Dio.

12. Abbracciare la ragione: Superare l'insicurezza e raggiungere l'armonia nella vita

Perché soccombere a un'insicurezza paranoica, quando potete valutare la situazione e determinare la migliore linea d'azione? Se la strada da percorrere è chiara, procedete con fiducia senza esitazioni. Tuttavia, in caso di incertezza, chiedete consiglio a consulenti fidati. Se sorgono ostacoli, procedete con integrità, tenendo presente ciò che è giusto e che rientra nelle vostre possibilità. Sforzarsi di raggiungere questo obiettivo è ammirevole, anche se alla fine si rivela sfuggente. Chi applica la ragione in tutti gli aspetti della propria vita è armonioso, produttivo e ottimista.

13. Scoprire il furto delle virtù: come le azioni possono parlare più delle parole

Al risveglio, chiedetevi se per voi è davvero importante che gli altri agiscano con giustizia. La risposta è no. Ricordate che coloro che si comportano in modo superiore quando lodano o criticano gli altri sono gli stessi in privato. Considerate le loro azioni, ciò a cui aspirano e come usano le parole per ingannare e manipolare. Forse non rubano con le mani e con i piedi, ma rubano con il loro bene più prezioso, che può essere la lealtà, la modestia, l'onestà, l'adesione alla legge e uno spirito soddisfatto.

14. Il saggio sottomesso: Trovare la soddisfazione nella volontà della natura

L'uomo istruito e umile non trova difetti nella natura, che dà e prende tutto. Si sottomette con soddisfazione alla sua volontà, dicendo: "Concedimi quello che vuoi, toglimi quello che vuoi". Non parla con presunzione, ma con umile deferenza verso il suo potere e con grata accettazione delle sue benedizioni.

15. Vivere in modo autentico: Abbracciare la natura e far risplendere il proprio vero io

La vita che ci resta è poca, quindi fatela fruttare. Vivete come su una montagna, perché non importa dove siete, purché viviate fedeli alla natura, ovunque nel mondo, come se fosse una comunità politica. Siate voi stessi, lasciate che gli altri riconoscano una persona genuina e autentica che vive in armonia con la natura. Se non vi accettano, lasciate che si liberino di voi, è meglio che vivere una vita insoddisfatta come l'uomo comune.

16. Sii uomo: Incarnare le qualità di un uomo buono

Smettete di discutere sulle caratteristiche che un uomo buono dovrebbe possedere e iniziate a incarnarle.

17. Prospettiva: come le minuscole macchioline del presente si inseriscono nella vastità del tempo e della sostanza

Considerare sempre la totalità del tempo e della sostanza, riconoscendo che ogni singola cosa non è che un minuscolo granello rispetto alla vastità del tutto e, in termini di tempo, è simile al rapido giro di un trapano.

18. La bellezza nella decadenza: Riconoscere l'inevitabile trasformazione dell'esistenza

Osservare tutto ciò che esiste e riconoscere il suo inevitabile stato di decadimento e trasformazione, come se fosse decaduto, disperso o naturalmente incline alla morte.

19. Dalla schiavitù al potere: esaminare il comportamento degli uomini in diversi contesti e riflettere sul loro futuro

Pensate a come si comportano gli uomini quando mangiano, dormono, fanno sesso, vanno in bagno e così via. Confrontatelo con il modo in cui si comportano quando sono autoritari e presuntuosi, o quando sono arrabbiati e urlano dalla loro posizione di potere. Non è passato molto tempo da quando molti di loro erano schiavi, e per quale motivo? Prendetevi un momento per immaginare quale potrebbe essere il loro futuro.

20. Il tempo perfetto della natura: Fornire ciò che è meglio per tutti

La natura universale fornisce a ogni cosa ciò che è buono per essa. Questo avviene al momento opportuno, come stabilito dalla natura.

21. L'amore naturale dell'universo per la pioggia: Una riflessione sul nostro

La terra adora la pioggia e anche il maestoso cielo la adora. L'universo ha una naturale inclinazione a creare tutto ciò che è destinato a esistere. Così, esprimo all'universo che amo proprio come voi amate. Inoltre, non si può forse dire che certe cose tendono a nascere?

22. Abbracciare gli scenari della vita: Trovare coraggio e positività

O risiedete qui e vi siete abituati, o avete scelto di partire, o state per morire e avete adempiuto ai vostri obblighi. Non c'è nulla al di là di questi scenari. Perciò, fatevi coraggio e abbiate un atteggiamento positivo.

23. L'uguaglianza universale della terra: spunti da Platone

Ricordate sempre che questo appezzamento di terra non è diverso da qualsiasi altro, e tutto ciò che si trova qui non è diverso da ciò che si trova in cima a una montagna o in riva al mare. Come diceva Platone, vivere tra le mura di una città non è diverso dal trovarsi nell'ovile di un pastore su una montagna.

24. Svelare il mistero della mia facoltà di giudizio: Funziona in sincronia con il mio corpo e le mie interazioni sociali?

Qual è la mia attuale facoltà di giudizio? Come la utilizzo e a quale scopo? Manca di comprensione? Si è distaccata dall'interazione sociale? Si è unita e fusa con il mio corpo fisico per funzionare come un tutt'uno?

25. In fuga dalla legge: Il maestro universale della paura, del dolore e della rabbia

Chi fugge dal proprio padrone è considerato un fuggiasco. Allo stesso modo, anche chi infrange la legge è un fuggiasco, perché la legge è il padrone finale. Anche se uno è turbato, arrabbiato o preoccupato per qualcosa che è accaduto o che accadrà, è perché è stato stabilito dal sovrano di tutte le cose, che è la Legge e determina ciò che è appropriato per tutti. Pertanto, chiunque provi paura, dolore o rabbia è considerato un fuggiasco.

26. Il meraviglioso viaggio dal seme alla percezione

Un uomo deposita il suo seme in un grembo e se ne va, poi un'altra causa subentra e lavora su di esso per creare un bambino. Non è incredibile come qualcosa di così meraviglioso possa nascere da un inizio così semplice? Il bambino ingerisce il cibo e un'altra causa lo trasforma in percezione, movimento, forza e altro ancora. È incredibile contemplare i molti e diversi processi in atto! Prendetevi il tempo di considerare tutte le cose che avvengono e si producono in modo così enigmatico. Osservate il potere che sta alla base di tutto, come la forza che muove le cose in alto e in basso senza vederla con gli occhi, ma comunque chiara come il giorno.

27. Attraverso il tempo e la storia: Riconoscere i modelli nel presente

Ricordate sempre che le cose, così come sono ora, sono già state e saranno ancora. Visualizzate vari scenari, come quelli che avete appreso dalle vostre esperienze e dai resoconti storici. Immaginate interi drammi e palcoscenici con la stessa struttura di base, come le corti di Adriano, Antonino, Filippo, Alessandro e Creso. Erano tutti simili a quelli a cui assistiamo oggi, anche se con partecipanti diversi.

28. La scelta razionale: Perché solo gli esseri umani possono scegliere il loro cammino

Considerate ogni uomo addolorato o scontento come un maiale sacrificale, che scalcia e urla per protestare. Allo stesso modo, coloro che si lamentano silenziosamente delle loro circostanze mentre sono a letto sono come questo maiale. È importante riconoscere che solo gli esseri razionali possono scegliere volontariamente le loro azioni, mentre gli altri devono seguire le necessità che vengono loro imposte.

29. Pensare prima di agire: Mettere in discussione il timore della morte e delle sue perdite

Prima di intraprendere qualsiasi azione, chiedetevi se la morte è davvero terribile perché vi toglie tutto questo.

30. Rivolgersi verso l'interno: come l'auto-riflessione può aiutare a lasciar andare le offese

Quando vi sentite offesi dall'errore di qualcuno, guardatevi subito dentro e considerate come potete aver commesso un errore simile. Per esempio, forse credete che la ricchezza, il piacere o lo status sociale siano desiderabili. Riflettendo su questo aspetto, potete rapidamente lasciar andare la rabbia. Inoltre, se ricordate che la persona ha agito per costrizione, vi sarà più facile perdonarla. Se avete il potere di liberarla da tale costrizione, sarebbe ancora meglio.

31. Vedere l'umanità come fumo: Vivere una vita ordinata

Quando vedete Satiro, il socratico, pensate a Eutyches o a Hymen. Quando vedete Eufrate, pensate a Eutychion o a Silvano. Quando vedete Alcifrone, pensate a Tropeoforo. Quando vedete Senofonte, pensate a Crito o a Severo. E quando guardate voi stessi, pensate a qualsiasi altro Cesare. Applicate questo principio a ogni persona che incontrate. Poi riflettete su questo pensiero: Dove sono ora quegli uomini? Da nessuna parte. Nessuno sa dove siano. Continuate a considerare le cose umane come fumo e niente, soprattutto quando vi rendete conto che ciò che è cambiato non esisterà mai più nel tempo infinito.

Considerate quanto sia breve la vostra esistenza. Perché non sfruttarla al meglio conducendo una vita ordinata? Quali opportunità e capacità vi mancano? Tutto nella vita è un esercizio per la vostra mente. Studiatene attentamente la natura ed esaminate tutto ciò che accade nella vita. Continuate a farlo finché non sarete padroni delle vostre esperienze, così come uno stomaco forte assorbe tutti i nutrienti e un fuoco ardente risplende di tutto ciò che gli viene gettato dentro.

32. Liberare il superpotere dell'integrità: come rendere impossibile a chiunque dubitare della vostra onestà e bontà

Rendete impossibile a chiunque dire che non siete onesti o buoni. Lasciate che chiunque pensi il contrario sia smentito, e questo è interamente sotto il vostro controllo. Chi può impedirvi di essere una persona buona e onesta? Decidete che non continuerete a vivere se non riuscirete a essere una persona del genere. La ragione impone di non continuare a vivere se non lo si è.

33. Come superare gli ostacoli e trovare il piacere di vivere secondo la ragione

Come possiamo agire secondo ragione quando si tratta di cose materiali, come la nostra vita? Qualunque cosa sia, avete il potere di farla o dirla, senza giustificare alcun impedimento. Non smetterete di lamentarvi finché la vostra mente non sarà in uno stato in cui fare ciò che è conforme alla natura umana sarà per voi piacevole come lo è il lusso per coloro che cercano il piacere. Come essere umano, dovreste trovare piacere nel fare tutto ciò che è in vostro potere e in accordo con la vostra natura. Fortunatamente, questo è possibile in qualsiasi situazione. Mentre la natura o un'anima irrazionale possono inibire il movimento di oggetti come il cilindro, l'acqua o il fuoco, la vostra intelligenza e la vostra ragione possono superare qualsiasi ostacolo che incontrate. Immaginate questo con la stessa chiarezza con cui visualizzate il fuoco che si muove verso l'alto, una pietra che scende o un cilindro che rotola lungo una superficie inclinata. Non cercate altre soluzioni oltre a questa. Altri ostacoli possono riguardare solo il vostro corpo, che è una cosa morta, o possono schiacciare la vostra ragione solo se lo permettete. L'unico modo in cui questi ostacoli potrebbero davvero danneggiarvi è se vi rendessero una persona cattiva, ma voi avete il potere di scegliere di diventare migliori e più meritevoli di lode attraverso di essi. Infine, ricordate che nulla può danneggiare un vero cittadino se non danneggia lo Stato, e nulla può danneggiare lo Stato se non danneggia la legge. Pertanto, nessuna disgrazia può danneggiare la legge e, di conseguenza, non può danneggiare nemmeno lo Stato e i suoi cittadini.

34. La natura fugace della vita: Il semplice promemoria per vivere senza paura o dolore

Per chi comprende i veri principi, anche l'istruzione più breve è sufficiente, come questo semplice promemoria per essere liberi dal dolore e dalla paura:

"Come foglie che cadono, disperse dal vento,

Così come l'umanità".

Le foglie sono come i vostri figli e come coloro che vi lodano o vi criticano, o che diffondono la vostra fama alle generazioni future. Vanno e vengono con l'alternarsi delle stagioni, come dice il poeta. Tutte le cose sono fugaci, eppure le inseguite come se durassero per sempre. Ma tra poco chiuderete gli occhi e qualcun altro piangerà la vostra scomparsa.

35. La mentalità sana: Vedere oltre l'auto-elogio e accettare tutti i sensi

L'occhio umano dovrebbe essere in grado di vedere tutte le cose visibili senza desiderare colori specifici come il verde, poiché tali desideri indicano un occhio malato. Allo stesso modo, un udito e un olfatto sani dovrebbero essere in grado di percepire tutto ciò che può essere udito e annusato. Lo stomaco sano dovrebbe trattare tutti gli alimenti come un mulino progettato per macinare tutto. Infine, una comprensione sana dovrebbe essere in grado di gestire ogni situazione che si presenta. Tuttavia, la mentalità che dice: "Lasciate che i miei cari vivano e che tutti mi lodino a prescindere dalle mie azioni" equivale a un occhio che cerca cose verdi o a denti che cercano oggetti morbidi.

36. Trovare la pace nella partenza: Abbracciare l'inevitabile liberazione dai severi maestri della vita

Nessun uomo è esente dall'avere qualcuno presente alla sua morte che si compiace della sua imminente dipartita. Anche se l'individuo morente fosse buono e saggio, ci sarebbe comunque chi pensa tra sé e sé: "Finalmente possiamo respirare liberamente, ora che siamo sollevati da questo severo maestro". Sebbene la persona non sia stata dura con nessuno di loro, potrebbe averli sottilmente condannati, come spesso accade alle persone buone. Quando si tratta della nostra morte, ci sono innumerevoli altri motivi per cui le persone possono volersi liberare di noi. Questa consapevolezza dovrebbe essere presa in considerazione quando lasciamo questa vita, pensando che stiamo lasciando un mondo in cui anche le persone più vicine a noi potrebbero segretamente sperare nella nostra dipartita, forse per qualche vantaggio personale. Tenendo presente questo, non c'è motivo di aggrapparsi alla vita più del necessario.

Tuttavia, non dobbiamo andarcene con amarezza verso gli altri. Dovremmo invece andarcene con gentilezza, mantenendo il nostro carattere di amicizia, benevolenza e mitezza. La nostra separazione dagli altri dovrebbe essere pacifica come una morte tranquilla. Proprio come l'anima si separa facilmente dal corpo in una morte naturale, anche noi dovremmo separarci naturalmente da coloro a cui eravamo uniti. Non si tratta di una separazione forzata, ma di una separazione naturale e pacifica, come è nella natura.

37. Padroneggiare l'arte dell'autoesame: Una chiave per capire gli obiettivi degli altri

Prendete l'abitudine di chiedervi sempre, ogni volta che qualcuno fa qualcosa, "Qual è l'obiettivo di questa persona?". Tuttavia, prima di farlo, rivolgete l'attenzione a voi stessi e fate un esame di coscienza.

38. Le gemme nascoste del potere interiore: La persuasione, la vita e l'essenza umana

Ricordate sempre che il vero potere risiede in ciò che è nascosto all'interno: la forza di persuasione, l'essenza della vita, la definizione stessa di uomo. Quando fate l'introspezione, non includete il contenitore che vi racchiude o gli strumenti ad esso collegati. Questi sono paragonabili a un'ascia, che si distinguono solo per il loro legame con il corpo. Proprio come la navetta di un tessitore, la penna di uno scrittore o la frusta di un autista, queste parti non servono a nulla se non sono mosse e controllate dalle rispettive forze.

LIBRO 11

— Il viaggio alla scoperta di sé

Agite ora e mostratevi gentili con chi vi circonda. Apprezzate l'arte nel nostro mondo e comprendete le leggi e i principi della natura per realizzare il vostro scopo. Vivere la vita al massimo e trovare un equilibrio tra conoscenza ed esperienza. Ricollegatevi ai nostri vicini e siate sinceri con voi stessi e con gli altri. Siate unici e fate ciò che vi porta gioia. Accogliere le emozioni come la rabbia e il dolore, quando necessario, ma anche correggere i propri pensieri quando si allontanano. Obbedire all'ordine cosmico e collaborare per raggiungere un obiettivo comune. Affrontate le vostre paure e ricordate i grandi del passato. Guardate il cielo e siate saggi e articolati nelle vostre parole e azioni. Imparate qualcosa di nuovo ogni giorno e siate umili e pazienti con voi stessi. Infine, accettate che la vita è un ciclo di trasformazione e progresso e che nulla è mai veramente finito.

1.   L'anima razionale: introspezione, realizzazione e abbraccio dell'universo

Queste sono le caratteristiche dell'anima razionale: può introiettare, riflettere e plasmare se stessa come vuole; gode dei frutti del proprio lavoro - proprio come le piante producono frutti che altri possono assaporare e gli animali offrono il loro equivalente di frutti ad altri; l'anima raggiunge i propri obiettivi, per quanto lontani possano sembrare. A differenza di una danza o di un'opera teatrale, dove l'intero spettacolo si sente incompleto se viene interrotto, l'anima può raggiungere il compimento e la completezza in ogni frammento della sua esistenza. Può proclamare: "Possiedo ciò che è mio". Inoltre, l'anima si estende a tutte le aree dell'universo e osserva la vastità del vuoto, cogliendone la struttura e abbracciando la rinascita ciclica di ogni cosa. Coglie che chi verrà dopo di noi non incontrerà nulla di nuovo, visto che nemmeno chi ci ha preceduto lo ha fatto. Infatti, una persona di quarant'anni, ammesso che abbia una qualche capacità cognitiva, ha già visto tutto ciò che è stato, grazie alla regolarità che caratterizza ogni cosa. Anche l'amore per il prossimo, l'onestà, l'umiltà e il non dare valore a nulla più che a se stessi sono caratteristiche essenziali di quest'anima razionale. Questo è il fondamento del diritto, e questo stesso senso morale varia poco dal senso di giustizia.

2. Il potere della svalutazione: Perché scomporre le componenti della vita è la chiave per raggiungere la virtuosità

Non avrete molto valore nelle melodie piacevoli, nella danza o in una gara fisica, se scomponete la melodia della voce nei suoi suoni distinti e vi chiedete se siete affascinati da ciascuno di essi. La vergogna vi impedirà di ammetterlo, ma è necessario fare lo stesso con ogni movimento e posa nella danza e nel pancrazio. Ad eccezione delle azioni e degli attributi virtuosi, scomponete sempre tutte le altre cose in componenti e svalutatele. Fate di questo principio uno standard per tutta la vostra vita.

3. Abbracciare la trascendenza: L'arte di prepararsi senza ostinazione

Un'anima veramente ammirevole è quella che è pronta a separarsi dal corpo in qualsiasi momento, sia che cessi di esistere, che svanisca o che continui in un altro regno. Tuttavia, questa disponibilità dovrebbe derivare da una convinzione personale piuttosto che dalla testardaggine, a differenza dei cristiani. Deve essere prudente, dignitosa e persuasiva, senza ricorrere a teatrini.

4. Trovare gratificazione nel contribuire al bene comune

Ho contribuito al bene comune? Se sì, ho ricevuto la mia ricompensa. Tenete questo pensiero in primo piano e continuate a fare del bene senza sosta.

5. Svelare il Mestiere Virtuoso: Esplorare i principi essenziali per l'evoluzione universale e umana

Qual è il vostro mestiere? Essere virtuosi. E come si può raggiungere questo obiettivo se non attraverso principi fondamentali, in parte riguardanti la natura dell'universo e in parte la struttura ideale dell'umanità?

6. Il ricordo della tragedia: Il potere del teatro nell'accettare gli eventi naturali della vita

Inizialmente, le tragedie venivano rappresentate sul palcoscenico per ricordare agli individui il naturale verificarsi degli eventi e che è essenziale accettarli così come sono. Se trovate gioia in ciò che viene rappresentato sul palcoscenico, allora non dovreste essere sconcertati da ciò che avviene nella realtà. È evidente che certi eventi sono destinati a verificarsi e gli individui che gridano in segno di protesta come "O Cithaeron" devono sopportarli. Gli scrittori drammatici hanno fatto alcune affermazioni degne di nota, come: "Se gli dei trascurano me e i miei figli, c'è una ragione dietro". Inoltre, "Dobbiamo imparare ad accettare ciò che accade" e "Dobbiamo raccogliere i frutti del raccolto della vita come un campo di grano".

Dopo la tragedia, fu introdotta la commedia antica, che aveva la capacità di parlare chiaramente e, di conseguenza, era utile per ricordare agli individui di stare alla larga da qualsiasi atto di insolenza. Diogene stesso cercava di imparare da questi autori. Per quanto riguarda la commedia di mezzo, essa doveva essere osservata per il suo ruolo e portò all'introduzione di nuove commedie che, col tempo, si trasformarono in una mera rappresentazione. Sebbene sia risaputo che anche tra questi scrittori sono stati fatti dei punti di valore, è lecito chiedersi quale fosse l'intero scopo di questa poesia e di questo teatro.

7. La condizione di vita perfetta per filosofare: la tua adesso!

Non esiste una condizione di vita più adatta a filosofare di quella in cui vi trovate attualmente.

8. Il prezzo dell'odio: come la separazione vi taglia fuori dalla società e la lotta per ricongiungersi ai rami del sistema sociale

Quando un ramo viene tagliato da un altro, viene necessariamente tagliato dall'intero albero. Lo stesso vale per una persona che si separa dagli altri: si allontana dalla società nel suo complesso. Mentre un ramo può essere tagliato da qualcun altro, una persona si separa dai suoi vicini attraverso le proprie azioni, cioè nutrendo odio e allontanandosi da loro. Ciò di cui non ci si rende conto è che, così facendo, ci si separa anche dall'intero sistema sociale. Tuttavia, Zeus, che ha creato la società, ci ha concesso il privilegio di ritrovare il nostro posto in essa e di diventare parte attiva del tutto.

Tuttavia, la separazione ripetuta rende difficile riunire ciò che è stato diviso una volta e ripristinarlo. Infine, un ramo che è cresciuto con l'albero fin dall'inizio e rimane parte del suo nucleo è fondamentalmente diverso da uno che è stato tagliato e successivamente riattaccato. Sebbene possa sembrare che quest'ultimo cresca accanto all'albero, come direbbero i giardinieri, non è unito ad esso allo stesso modo.

9. L'arte di bilanciare ragione e compassione: Navigare tra gli ostacoli verso la vostra missione

Mentre perseguite il cammino della retta ragione, non permettete a nessuno che vi ostacoli di distogliervi dalla vostra missione. Tuttavia, pur restando fermi, non lasciate che vi privino della vostra compassione nei loro confronti. Rimanete consapevoli di entrambe le cose, non solo nel vostro giudizio e nella vostra azione incrollabili, ma anche nella vostra gentilezza verso coloro che cercano di ostacolarvi o di disturbarvi. Perdere la calma con loro è una debolezza, così come deviare dal proprio proposito e cedere alla paura. In entrambi i casi, abbandonereste il vostro posto, sia per paura che per alienazione da qualcuno che è, per natura, un parente e un amico.

10. L'arte dell'imitazione: Perché la natura è il vero capolavoro

L'arte non può essere considerata superiore alla natura, poiché le arti imitano semplicemente le qualità intrinseche della natura. Infatti, se le arti sono destinate a imitare la natura, allora la natura deve essere la fonte di ispirazione più perfetta e completa. La natura deve anche essere in grado di raggiungere lo stesso livello di raffinatezza e maestria dell'arte. Ogni forma d'arte ha uno scopo più importante e la natura non fa eccezione. In effetti, è qui che ha origine il concetto di giustizia. Tutte le altre virtù derivano dalla giustizia. Perciò, se vogliamo sostenere la giustizia, dobbiamo stare attenti a non concentrarci su cose insignificanti e a non diventare sconsiderati e incoerenti nelle nostre azioni.

11. Rilasciate il giudizio e attirate i vostri desideri: Il potere dell'energia calma

Se le cose che desiderate non si presentano a voi, anche se il loro perseguimento o la loro evasione vi preoccupa, continuate a esercitare energia verso di esse. Pertanto, mettete da parte i giudizi che potete avere su queste cose e diventeranno tranquille. Non vi sembrerà più di perseguirle o evitarle attivamente.

12. La luce illuminante: Rivelare la verità della forma sferica dell'anima intatta

La forma sferica dell'anima rimane intatta quando non si protende, non si ritira, non si disperde e non cade, ma è illuminata da una luce che le permette di percepire la verità, sia la verità di tutte le cose sia la verità insita in se stessa.

13. Salire al di sopra del disprezzo: Il nobile carattere della gentilezza e della benevolenza

Se qualcuno mi disprezza, che lo faccia. La mia preoccupazione è che io non faccia o dica nulla che meriti disprezzo o rimprovero. Se qualcuno nutre odio nei miei confronti, sappia che mi rivolgo a tutti con gentilezza e benevolenza. Inoltre, lo aiuterò persino a capire il suo errore senza rimproverarlo o mostrarlo, proprio come faceva il grande Focione (a meno che, ovviamente, non stesse solo fingendo). È fondamentale che il carattere di una persona sia tale che anche gli dèi la vedano non insoddisfatta o lamentosa. Dopo tutto, che male c'è se si sta facendo ciò che è meglio per la propria natura e si è soddisfatti di ciò che è attualmente adatto all'universo, dal momento che, in quanto umani, si è destinati a svolgere il proprio ruolo per il bene comune?

14. Elevare e sottomettere: Le dinamiche complesse dell'interazione umana

Gli esseri umani si sminuiscono e si completano a vicenda, con il desiderio di elevarsi o sottomettersi agli altri.

15. L'inganno nelle dichiarazioni: Perché le parole non bastano per giudicare il carattere di una persona

Quanto è insincero e disonesto chi dichiara: "Intendo trattarti in modo equo!". Perché preoccuparsi di queste parole, amico mio? Le azioni parlano più delle parole e le intenzioni si rivelano a tempo debito. Il carattere di una persona dovrebbe essere impresso sulla sua fronte, e i suoi occhi lo rivelano immediatamente. Allo stesso modo, una persona amata può leggere il cuore del suo amante attraverso i suoi occhi. L'onestà e la bontà emanano un forte profumo, che qualsiasi spettatore può percepire al suo avvicinarsi, sia esso piacevole o sgradevole. La semplicità, invece, è come un bastone storto: un'affettazione da evitare. Non c'è nulla di più disdicevole di un'amicizia falsa o lupesca. Guardatevi da questo soprattutto. Coloro che sono buoni, semplici e di buon cuore mostrano queste qualità con gli occhi, e non ci si può sbagliare. L'allusione all'"amicizia da lupo" è un riferimento alla favola dei lupi e delle pecore.

16. Il potere interiore: Come vivere al meglio la propria vita attraverso l'indifferenza e l'autogiudizio

Per vivere la migliore vita possibile, il potere risiede nella nostra anima. Se restiamo indifferenti alle cose che sono di per sé indifferenti, avremo questo potere. Lo otteniamo guardando ognuna di queste cose separatamente e insieme, ricordando che esse non producono un'opinione su se stesse, né vengono da noi. Siamo noi a creare questi giudizi, scrivendoli da soli, ma abbiamo il potere di non farlo. In alternativa, se questi falsi giudizi si sono insinuati nella nostra mente, possiamo cancellarli. È indispensabile ricordare che questa attenzione all'indifferenza sarà breve e la vita finirà. Inoltre, non c'è alcun problema nel farlo. Per le cose che sono secondo natura, rallegratevene e vi verranno facili. Al contrario, se non lo sono, cercate ciò che è conforme alla vostra natura e impegnatevi per ottenerlo, anche se non vi porterà prestigio. Ogni persona ha il diritto di perseguire il proprio bene.

17. Il viaggio elementare: Esplorare le origini e le trasformazioni di tutte le cose

Considerate l'origine, la composizione, la trasformazione e la forma finale di ogni singola cosa. Inoltre, riconoscete che non verrà danneggiata durante questo processo.

18. Nove cambiamenti di mentalità per superare l'offesa prima che si scateni la rabbia

Quando qualcuno vi offende, considerate quanto segue: innanzitutto, riflettete sul nostro rapporto come esseri umani e su come siamo stati creati per essere interconnessi. Tuttavia, ricordate anche che io ero destinato a guidarli, proprio come un ariete guida un gregge o un toro una mandria. Inoltre, se tutte le cose non sono semplici atomi, la natura ordina tutto e le cose inferiori esistono a beneficio di quelle superiori e queste, a loro volta, le une per le altre.

In secondo luogo, esaminate il tipo di persone che vi hanno offeso e come si comportano a tavola o a letto. Considerate gli atteggiamenti che influenzano le loro azioni. Se qualcuno si comporta in modo scorretto, non lasciate che questo vi disturbi. Non potete cambiare il loro comportamento con la rabbia, ma affrontate la situazione con un atteggiamento pacifico.

In terzo luogo, considerate che se qualcuno agisce giustamente, non arrabbiatevi con lui. Se agisce ingiustamente, capite che probabilmente non comprende la verità della questione e agisce per ignoranza. Non prendete sul personale i loro errori, perché non hanno nulla a che fare con voi.

In quarto luogo, siate umili e ricordate che tutti commettono errori. Anche se si evitano certi errori, si ha comunque la predisposizione a commetterli. Siate empatici e non giudicate duramente gli altri per gli errori che commettono.

In quinto luogo, tenete presente che potreste non comprendere appieno le circostanze in cui un'altra persona ha agito. Sarebbe meglio se imparaste molto prima di giudicare le azioni di un'altra persona.

In sesto luogo, durante un momento di rabbia, ricordate che il nostro tempo sulla terra è solo fugace e non avrà importanza nel grande schema delle cose.

Settimo, capire che le azioni delle persone non vi disturbano. È invece la vostra opinione sulle loro azioni a causarvi problemi. Non potete controllare le azioni degli altri, ma potete controllare i vostri pensieri e le vostre reazioni ad esse.

Ottavo: rendersi conto che la rabbia e la frustrazione causate dalle azioni di qualcuno provocano più dolore delle azioni stesse.

Nono, la gentilezza genuina è invincibile anche per la persona più violenta. Se qualcuno cerca di farvi del male, siate gentili e spiegate perché le sue azioni non sono giuste. Fatelo senza rabbia o rancore nel vostro cuore per mostrargli un modo migliore.

Ricordate queste nove regole e inizierete a evolvere come persone. Dovete evitare l'adulazione o la rabbia nei confronti degli altri, perché sono entrambe dannose. Tenete presente che essere mossi dalla passione è poco virile, mentre essere miti e gentili è più naturale e virile. Una persona che possiede gentilezza e mitezza ha più forza e coraggio di chi cede a scatti d'ira o di malumore. Infine, pretendere che gli uomini cattivi non si comportino male è sciocco, perché nessuno è perfetto. Tuttavia, chiedere a chi fa torto agli altri di non trattarvi male non è una richiesta irragionevole.

19. Sconfiggere il proprio io minore: superare i quattro principali difetti delle facoltà superiori

Ci sono quattro difetti significativi dell'anima contro i quali dovete costantemente vigilare. Quando li individuate, dovete eliminarli e ricordarli a voi stessi con queste parole: Questo pensiero è inutile e distruttivo per l'armonia sociale. Questo pensiero non deriva dai miei pensieri autentici, il che è assurdo. Infine, se vi rimproverate per qualcosa, è segno che la vostra parte divina è stata sconfitta dalla parte meno onorevole e fugace di voi stessi: il corpo e i suoi piaceri primari.

20. Ribellarsi alla propria natura: La lotta della parte intelligente per la giustizia e l'appagamento

Il vostro aspetto intelligente è l'unica parte di voi che è disobbediente e scontenta della sua posizione, mentre le vostre parti aeree e ignee, anche se hanno la tendenza naturale a salire, sono sopraffatte e rimangono nella massa composta del corpo. Allo stesso modo, le tue parti terrestri e acquatiche, la cui tendenza naturale è quella di scendere, vengono elevate in una posizione che non è la loro. Così, tutte le parti elementari obbediscono all'universo e, una volta fissate in una posizione, vi rimangono fino a quando l'universo non ne segnala la dissoluzione. È strano, quindi, che solo il vostro aspetto intelligente disobbedisca e mostri malcontento, perché è sottoposto solo a ciò che è coerente con la sua natura, eppure resiste e si muove in direzione opposta. Qualsiasi inclinazione all'ingiustizia, all'intemperanza, alla rabbia, al dolore e alla paura è solo il comportamento di chi si discosta dalla natura.

Inoltre, quando la facoltà di governare è insoddisfatta di qualsiasi evento, abbandona il suo ruolo, poiché è stata concepita non solo per la giustizia, ma anche per il rispetto e il culto degli dei. Anche queste virtù sono incluse nella categoria generale della soddisfazione per lo stato delle cose e, in realtà, precedono gli atti di giustizia.

21. Il potere di un obiettivo mirato per una vita coerente e unita

Chiunque non abbia un obiettivo coerente nella vita non può raggiungere la coerenza nella propria vita. Tuttavia, avere semplicemente un obiettivo non è sufficiente. È fondamentale avere il tipo di obiettivo giusto. Non tutte le cose considerate buone dalla maggioranza hanno lo stesso valore, ma solo alcune, come quelle che riguardano la società e la politica. Pertanto, dovremmo stabilire un obiettivo sociale e politico comune che indirizzi tutti i nostri sforzi. Così facendo, ci comporteremo in modo uniforme e rimarremo fedeli a noi stessi.

22. La storia di due topi: uno studio su stili di vita e ansie urbane contrastanti

Considerate gli stili di vita contrastanti del topo di campagna e di quello di città e la paura e il disagio che prova il topo che vive in città.

23. Lamie: Gli spaventapasseri di Socrate e il potere dell'opinione collettiva

Socrate si riferiva alle opinioni collettive come "Lamiae" o spaventapasseri per terrorizzare le giovani menti.

24. L'ombra per gli stranieri: La tradizione ospitale dei Lacedemoni

I Lacedemoni erano soliti fornire posti a sedere all'ombra per gli stranieri durante le loro manifestazioni pubbliche, mentre loro stessi si sedevano dove volevano.

25. Orgoglio inespresso: Il rifiuto di Socrate di accettare un favore

Socrate si scusò con Perdicca per l'impossibilità di incontrarlo, spiegando che non voleva subire l'ultima umiliazione. In altre parole, non voleva accettare un favore e poi trovarsi nell'incapacità di ricambiarlo.

26. Far rivivere le virtù del passato: Perché pensare agli uomini efesini è fondamentale

Gli Efesini hanno scritto dell'importanza di pensare costantemente agli uomini virtuosi dei tempi passati. Questo precetto ci incoraggia a riflettere sulle azioni e sul carattere di questi individui.

27. Ispirazione celeste quotidiana: Il rituale pitagorico dell'osservazione del cielo mattutino

I pitagorici ci ricordano di guardare il cielo ogni mattina. Questo ci aiuta a ricordare i corpi celesti che svolgono i loro compiti sempre allo stesso modo, rimanendo puri ed esposti. Vale la pena notare che le stelle non sono coperte da alcun velo.

28. La saggezza non convenzionale di Socrate: Abbracciare l'umiltà nel nascondiglio degli animali

Pensate a quanto fosse straordinario Socrate quando si vestì di pelle di animale, dopo essere stato spogliato del mantello dalla moglie Xanthippe. Considerate anche le sue parole agli amici che si vergognavano di vederlo in questo abbigliamento non convenzionale.

29. Padroneggiare l'autodisciplina: La chiave per stabilire regole efficaci nella scrittura e nella vita

Prima di stabilire delle regole per gli altri nella scrittura o nella lettura, bisogna imparare a rispettarle da soli. Questo è ancora più importante nella vita.

30. Silenziati dalla schiavitù: La lotta per la libertà di parola

Lei è uno schiavo, quindi la libertà di parola non fa per lei.

31. Risate dal cuore: Una citazione dall'Odissea

Il mio cuore rideva dentro di me, disse.
Odissea, ix. 413.

32. La critica controversa della virtù: perché alcuni scelgono di maledirla

Malediranno la virtù e ne parleranno male.

33. Inseguimenti irragionevoli: Ricerca di fichi e bambini perduti oltre il lecito

Cercare i fichi durante l'inverno è considerato un atto di follia. Allo stesso modo, una persona che cerca il proprio figlio quando non è più lecito è altrettanto irragionevole (Epitteto, iii. 24, 87).

34. Momento di riflessione: La sorprendente filosofia di Epitteto sull'accettazione della mortalità

Epitteto suggerisce che quando un uomo bacia il proprio figlio, dovrebbe prendersi un momento per riflettere sulla propria mortalità e sussurrare a se stesso: "Domani potrei non essere più vivo". Tuttavia, alcuni potrebbero considerarlo un pensiero negativo. Epitteto non è d'accordo e afferma che nessuna parola è intrinsecamente negativa se descrive un evento naturale. Ad esempio, parlare di spighe di grano che vengono raccolte potrebbe essere visto come un "cattivo presagio".

35. Metamorfosi dell'uva: Dalla giovinezza all'uva passa

L'uva giovane, il grappolo adulto e l'uva passa si trasformano, non in uno stato di nulla, ma in una nuova esistenza non ancora realizzata.

36. Infrangibile: Il potere della scelta secondo Epitteto

Non possiamo essere privati della nostra libertà di scelta da nessuno, come afferma Epitteto nella sua opera.

37. L'arte di dominare l'assenso: I consigli senza tempo di Epitteto su azioni e scongiuri

Epitteto consigliava che un uomo deve padroneggiare l'arte di dare il proprio assenso ed essere cauto nelle sue azioni, assicurandosi che siano appropriate alla situazione e coerenti con le norme sociali. Deve anche considerare il valore dell'oggetto in questione. Inoltre, deve evitare rigorosamente di cedere a qualsiasi tipo di desiderio sensuale. Per quanto riguarda l'avversione, deve evitare di esprimerla verso cose che sfuggono al suo controllo.

38. La follia al centro del disaccordo attuale: Le opinioni degli esperti rivelate

Secondo lui, il presente disaccordo non riguarda una questione ordinaria, ma piuttosto la questione della pazzia di qualcuno.

39. L'incessante ricerca di anime sane e razionali: L'interrogazione di Socrate sul conflitto e la controversia

Una volta Socrate chiese: "Desideri le anime di uomini razionali o irrazionali?". Al che il suo interlocutore rispose: "Le anime degli uomini razionali". Socrate allora fece un'altra domanda: "Preferisci uomini razionali che siano sani o non sani?". La risposta fu: "Sani". Socrate chiese allora: "Se queste anime sono già in tuo possesso, perché continui a fare conflitti e dispute?".

LIBRO 12

— Abbracciare la vita e trovare l'equilibrio

La vita è breve e imprevedibile, quindi è importante prendersi il tempo per apprezzare le cose belle e concentrarsi sulle cose importanti. Dobbiamo puntare in alto, essere onesti e non lasciare che gli altri ci controllino. La morte è certa, quindi dobbiamo sfruttare al massimo la vita e trovare la felicità in qualsiasi cosa ci capiti. Dobbiamo abbracciare l'equilibrio e la giustizia e ricordare che gli dei sono nella vita quotidiana. Tutto è uno, quindi è una questione di prospettiva. La vita è breve, quindi godiamocela e ricordiamoci di chiedere a noi stessi il nostro vero scopo e di agire per il bene.

1. Liberate il vostro vero potenziale: come realizzare i vostri desideri con pietà e giustizia

Si possono avere tutte le cose che si desiderano prendendo una strada diretta, se non le si nega a se stessi. Questo significa dimenticare il passato e confidare nella provvidenza per il futuro, praticando la pietà e la giustizia nel presente. Praticate la pietà accettando la sorte che vi è stata assegnata nella vita, poiché la natura l'ha fatta per voi e voi per essa. Praticate la giustizia dicendo sempre la verità e seguendo le leggi che riflettono il valore di ogni situazione. Non lasciate che le azioni, le opinioni, le parole o le sensazioni fisiche negative di nessuno vi scoraggino; a questo serve la parte passiva della vostra mente. Quando vi avvicinate alla fine della vostra vita, concentratevi unicamente sulla vostra facoltà di governo e sulla divinità interiore. Non temete la cessazione della vita in sé, ma piuttosto la paura di non aver mai vissuto veramente secondo natura. Così facendo, diventerete un individuo degno dell'universo che vi ha generato, senza più sentirvi estranei a casa vostra o sorpresi dagli eventi quotidiani. Vi libererete anche dalla dipendenza da questo o quello.

2. Sbloccare la liberazione: Abbracciare il proprio vero sé intellettuale secondo Dio

Dio percepisce i veri principi direttivi di tutti gli individui, spogliati dei loro corpi fisici e delle loro impurità. Si concentra unicamente sull'intelletto che ha origine da se stesso e anima la forma umana. Seguendo questo approccio, potete liberarvi da molti fardelli. Se non si dà importanza alla propria esistenza fisica, non ci si preoccupa di fattori esterni come i vestiti, la casa e la fama.

3. Spogliarsi degli attaccamenti: Una guida per vivere puri e liberi

Siete fatti di tre cose: un piccolo corpo, un po' di respiro (vita) e l'intelligenza. Le prime due cose sono di vostra responsabilità, ma la terza è veramente vostra. Pertanto, per vivere una vita pura e libera, separatevi dalla comprensione di ciò che gli altri dicono e fanno, così come di ciò che voi avete detto e fatto, dei problemi futuri e delle cose attaccate al vostro corpo e alla vostra vita che sono fuori dal vostro controllo. Spogliandovi di questi attaccamenti, potrete vivere davvero in modo giusto e trovare la verità, liberi dai capricci del destino. Per riuscirci, vivete solo nel presente e sforzatevi di essere come la sfera di Empedocle: tutto intorno e a riposo. Allora, sarete in grado di vivere il resto della vostra vita in modo nobile e obbediente al vostro dio interiore, senza interruzioni.

4. Il paradosso dell'amore e della valutazione di sé: Perché diamo più valore alle opinioni altrui

Mi sono spesso chiesto perché ogni uomo ami se stesso più di chiunque altro, eppure dia meno importanza all'opinione che ha di sé che al punto di vista degli altri. Se una divinità o un mentore erudito apparisse e ordinasse a una persona di esprimere ogni suo pensiero e idea, non sarebbe in grado di gestirlo nemmeno per un giorno. Questo dimostra quanta importanza diamo a ciò che gli altri pensano di noi piuttosto che alla nostra autovalutazione.

5. Il paradosso della virtù: perché gli dei abbandonano i loro seguaci più devoti?

Com'è possibile che gli dei, che hanno orchestrato il mondo in modo benevolo per l'umanità, abbiano trascurato il fatto che alcuni degli individui virtuosi, che hanno avuto un legame più stretto con il divino attraverso atti di pietà e pratiche religiose, debbano cessare completamente di esistere dopo la morte?

Tuttavia, se questo è davvero il caso, state certi che gli dei avrebbero disposto diversamente se fosse stato giusto e naturale. Poiché non è così, non avrebbe dovuto essere così. Mettere in discussione il divino in questa materia sarebbe presuntuoso, e non dovremmo avere la presunzione di contestare gli dèi, a meno che non siano perfettamente giusti ed eccellenti. Se così fosse, allora avrebbero agito in modo razionale e giusto nella creazione dell'universo e non avrebbero mai trascurato nulla senza motivo.

6. Sbloccare il potenziale nascosto: Abbracciare il potere di praticare l'inespugnabile

Esercitatevi anche nelle cose che pensate di non poter fare. La mano non dominante, ad esempio, può essere inutile per la maggior parte delle attività a causa della mancanza di pratica, ma può tenere la briglia con più forza della mano dominante se ci si è esercitati a farlo.

7. Contemplazione consapevole: Abbracciare la transitorietà della vita e prepararsi all'arrivo della morte

Pensate allo stato in cui una persona dovrebbe trovarsi - sia fisicamente che emotivamente - quando la morte bussa. Rendetevi conto della brevità della vita, dell'infinita distesa di tempo che è passato e che deve ancora venire, e della fragilità di tutto ciò che è fisico.

8. Scoprire l'essenza: Il potere della riflessione e della consapevolezza di sé

Riflettere sui principi fondamentali delle cose, spogliate dei loro strati esterni. Considerate le intenzioni che stanno dietro alle azioni e la natura del dolore, del piacere, della morte e della fama. Identificate la causa principale del vostro malcontento e riconoscete che nessun altro può ostacolare il vostro progresso. Ricordate che ogni cosa è soggettiva e influenzata dalle opinioni.

9. Pancrazio e gladiatore: Applicare i principi del successo

Quando applicate i vostri principi, dovreste agire come un pancrazio, non come un gladiatore. Un gladiatore lascia cadere la spada e diventa vulnerabile alla sconfitta, mentre un pancraziante ha sempre la mano pronta all'azione. Tutto ciò che deve fare è usarla in modo efficace.

10. Scoprire l'essenza: Decostruzione di materia, forma e scopo

Osservare l'essenza delle cose scomponendole in materia, forma e scopo.

11. La vera misura di un uomo potente: Piacere a Dio e accettare la sua volontà

Un uomo potente non deve fare nulla se non ciò che è gradito a Dio e accettare tutto ciò che Dio può fornire.

12. Oltre la colpa: Comprendere l'ordine naturale delle cose

Quando le cose accadono secondo natura, non dobbiamo incolpare gli dei, perché non agiscono mai in modo sbagliato né di proposito né accidentalmente. Allo stesso modo, non dobbiamo incolpare le persone, a meno che non agiscano in modo sbagliato senza volerlo. In definitiva, in queste situazioni non c'è nessuno da incolpare.

13. Perché non lasciarsi sorprendere dai colpi di scena della vita?

"Ridicolo e fuori dal mondo" descrive chiunque si lasci sorprendere dagli eventi imprevedibili della vita.

14. Affrontare il destino: navigare tra le possibilità della Provvidenza o del Caos

Ci sono tre possibilità: o esiste una necessità fatale, o una gentile provvidenza supervisiona il nostro destino, o c'è solo il caos senza alcuno scopo o guida. Se è vero che esiste una necessità invincibile, allora perché preoccuparsi di resistere? Tuttavia, se esiste una provvidenza che può essere placata, allora sforzatevi di essere meritevoli dell'intervento divino. Se invece c'è solo confusione senza alcuna forza di governo, consolatevi sapendo di possedere un intelletto dominante in mezzo alla turbolenza. E anche se la tempesta vi porta via il corpo fisico e il respiro, siate contenti, perché non può toccare il vostro intelletto.

15. La lampada e l'anima: la loro luce durerà?

La luce della lampada brillerà inalterata fino a quando non si spegnerà? Allo stesso modo, la verità, la giustizia e la temperanza che sono in voi si spegneranno prima della vostra fine?

16. Decodificare il torto: Navigare nei dilemmi morali di fronte alla vergogna e alla rabbia

Quando un uomo sembra aver fatto qualcosa di sbagliato, come posso determinare se l'atto è veramente sbagliato? E anche se si è comportato in modo scorretto, come posso essere certo che non si sia già condannato da solo? È come se avesse già portato la vergogna su di sé con le sue stesse azioni. Vi chiedo di considerare questo: coloro che desiderano che le persone cattive si astengano dalle malefatte sono come coloro che si aspettano che i fichi non producano succo nei loro frutti, che i neonati non piangano o che i cavalli non nitriscano: queste cose sono inevitabili. Quindi, cosa dobbiamo fare con individui di questo tipo? Se ci si arrabbia facilmente, ci si deve concentrare sulla correzione del proprio temperamento invece di cercare di cambiare il comportamento degli altri.

17. Guidare le azioni: Il potere di agire in base alla verità e alla moralità

Se è sbagliato, non fatelo; se non è vero, non ditelo. Lasciate che le vostre azioni siano guidate da questo principio...

18. Scomporre l'apparenza: Perché conoscere le origini è fondamentale per capire le cose

Prestate sempre attenzione all'origine dell'aspetto che la cosa produce per voi e scomponetela in forma, sostanza, obiettivo e durata.

19. Liberare la divinità interiore: Superare le emozioni con Epitteto

Rendetevi conto che dentro di voi c'è qualcosa di superiore e più divino dei fattori che scatenano le diverse emozioni e che sembrano controllarvi. Considerate cosa occupa attualmente i vostri pensieri: è paura, sospetto, desiderio o qualche altra emozione simile?

20. Azioni consapevoli: Servire un obiettivo sociale più grande attraverso la correzione di bozze e l'editing

Per cominciare, evitate azioni affrettate o sconsiderate e abbiate sempre in mente uno scopo chiaro. Inoltre, assicuratevi che le vostre azioni siano dirette esclusivamente al raggiungimento di un risultato positivo per la società nel suo complesso.

21. Abbracciare la nostra insignificanza: Il ciclo eterno della vita e dell'evoluzione

Mentre leggete, ricordate che presto diventerete insignificanti e tutto ciò che vi circonda cesserà di esistere. Questo include le cose che vedete ora e le persone che vivono con voi. Questo perché la natura ha progettato che tutto si evolva e finisca, per lasciare spazio a un ciclo continuo di cose nuove e di vita.

22. Trovare la pace nella baia tranquilla del controllo soggettivo: Lasciare andare le opinioni per ottenere serenità e stabilità

Ricordate che tutto è soggettivo e sotto il vostro controllo. Scegliete di lasciar andare le vostre opinioni e troverete pace, stabilità e serenità, proprio come un marinaio che ha aggirato un promontorio e ha trovato una baia calma e tranquilla. Eliminate i pensieri inutili e troverete un senso di equilibrio.

23. Abbracciare la fine naturale della vita: La transizione positiva e tempestiva verso l'Universale

Qualsiasi attività, indipendentemente dalla sua natura, non subisce alcun danno una volta terminata al momento opportuno. Allo stesso modo, anche la persona che ha compiuto l'azione non subisce alcun danno perché l'atto è cessato. Allo stesso modo, l'insieme della nostra vita - che comprende tutte le nostre azioni e i nostri atti - non subisce alcun danno quando termina al momento opportuno. Inoltre, l'individuo che conclude questa serie di azioni al momento giusto non viene trattato ingiustamente.

La natura definisce il tempo e il limite appropriato, che può essere la natura distinta degli esseri umani in età avanzata, o sempre la natura universale responsabile del cambiamento delle parti dell'universo affinché continui a essere sempreverde e perfetto. E tutto ciò che è ritenuto benefico per l'universo è sempre ideale e tempestivo. Di conseguenza, la fine della vita non può mai essere un male per nessuno, perché non solo è fuori dal nostro controllo, ma non va nemmeno contro l'interesse generale. È invece un evento positivo perché è tempestivo, benefico e coerente con l'universale. Di conseguenza, quando una persona si muove nella stessa direzione e per lo stesso motivo della divinità, anch'essa ne è mossa.

24. Tre principi per un'esistenza orgogliosa: Giustizia, consapevolezza e prospettiva

Dovete sempre attenervi a tre principi: Quando agite, non fate nulla senza pensare e agite sempre con giustizia; quando affrontate le circostanze esterne, comprendete che sono il risultato del caso o della provvidenza, e non biasimate o accusate nessuno dei due. In secondo luogo, contemplate la composizione di ogni essere vivente, dal suo seme al momento in cui riceve un'anima, e dal momento in cui riceve un'anima al momento in cui passa a miglior vita. Analizzate gli elementi che compongono ogni essere e la sua eventuale decomposizione. In terzo luogo, se vi elevaste improvvisamente al di sopra della terra per osservare le vicende umane e la vastità dell'aria e dell'etere circostanti, vedreste sempre le stesse cose: somiglianze formali e brevi esistenze. C'è forse motivo di vantarsi di queste cose?

25. Liberatevi dalle opinioni e sperimentate la vera salvezza: Superare le barriere che vi bloccano

Liberatevi delle vostre opinioni e sarete salvati. Allora, cosa vi impedisce di liberarvene?

26. Il potere di lasciar andare: Abbracciare l'ordine naturale della vita

Quando vi sentite turbati da qualcosa, è importante ricordare che tutto accade secondo l'ordine naturale delle cose e che le azioni sbagliate degli altri non vi riguardano. Inoltre, è fondamentale riconoscere che tutto ciò che accade non è unico per voi, poiché accade ovunque e da sempre. È anche importante comprendere la connessione tra tutti gli esseri umani, in quanto non siamo legati solo dal sangue o dall'ascendenza, ma dall'intelligenza e dalle esperienze comuni. L'intelligenza di ogni persona è un dono divino, conferito dalla divinità. Ricordate che nulla vi appartiene, compresi il corpo e l'anima, perché sono tutti doni del divino. Infine, ricordate che tutto è opinione e che l'unico momento che conta veramente è quello attuale. Pertanto, non perdete tempo a preoccuparvi del passato o del futuro, ma concentratevi sul momento presente.

27. I pericoli dell'orgoglio: Lezioni su fama, sfortuna e umiltà

Ricordate sempre coloro che si sono lamentati molto di qualcosa, o coloro che hanno ottenuto la massima fama, hanno sofferto grandi disgrazie o inimicizie o anche fortuna. Poi, chiedetevi dove sono ora. Non sono altro che fumo e cenere, o non sono nemmeno degni di essere raccontati. Ricordate anche come Fabius Catellinus viveva in campagna, Lucius Lupus nei suoi giardini, Stertinius a Briae e Tiberius a Capreae. Pensate alla ricerca affannosa di qualsiasi cosa che finisca con l'orgoglio, e a quanto siano inutili tali ricerche. È invece più filosofico concentrarsi sul mostrarsi giusti, temperati, obbedienti agli dei, e farlo con semplicità. Ricordate, non c'è nulla di più intollerabile dell'orgoglio che si vanta della propria mancanza di orgoglio.

28. Un potere innegabile: Testimoniare l'esistenza degli dei attraverso la riverenza

Quando si chiede dove si possono trovare gli dei o come si può credere veramente nella loro esistenza e adorarli, la mia risposta è semplice. In primo luogo, gli dei possono essere visti a occhio nudo. In secondo luogo, non ho mai posato gli occhi sulla mia anima, ma la considero comunque con la massima riverenza. Pertanto, la mia comprensione dell'esistenza degli dèi deriva dal loro innegabile potere, di cui sono costantemente testimone e che mi porta a venerarli.

29. Svelare il segreto di una vita sicura e appagante: Un approccio olistico

L'essenza della sicurezza nella vita sta nell'esaminare a fondo ogni aspetto, comprendendo sia la parte materiale che quella formale. È imperativo affrontare tutto questo con totale dedizione e impegnarsi per la correttezza e l'onestà. Una volta raggiunto questo obiettivo, l'unico passo logico è quello di godersi la vita al massimo, collegando varie esperienze positive, senza interruzioni.

30. La forza unificatrice: Come l'anima intelligente lega insieme tutti gli elementi

Esiste una luce unica che emana dal sole, anche se il suo splendore può essere ostacolato da muri, montagne e altre infinite strutture. Allo stesso modo, esiste una sostanza unica, anche se è dispersa tra innumerevoli corpi, ognuno con le sue caratteristiche uniche. Lo stesso vale per l'anima, che è presente in tutte le infinite nature e gli esseri individuali. Anche l'anima intelligente sembra essere frammentata, ma rimane intera. Tra gli elementi citati, i componenti privi di sensazioni come l'aria e la materia non sono in comunione. Tuttavia, il principio intelligente lega anche questi elementi con la sua attrazione gravitazionale. Tuttavia, l'intelletto ha un'inclinazione esclusiva verso i suoi parenti e, in quanto tale, non è mai disgiunto dal sentimento di comunità.

31. Trovare i desideri eterni: Bilanciare sensazione, ragione e fede oltre la morte

Desiderate continuare la vostra esistenza? Se sì, desiderate sperimentare sensazioni, movimento e crescita? E poi, di nuovo, smettere di crescere, di usare la parola, di pensare? Cosa vi sembra desiderabile tra questi? Se nessuna di queste ha valore, rivolgetevi a ciò che rimane: seguire la ragione e Dio. È contraddittorio onorare la ragione e Dio e allo stesso tempo essere ansiosi e turbati per aver perso queste cose a causa della morte.

32. L'insignificanza del tempo: perché seguire il cuore è importante

Quanto minuscola è la porzione di tempo, vasta e incomprensibile, assegnata a ogni individuo, che scompare rapidamente nell'infinito! E quanto infinitesimale è una parte dell'intera composizione; e quanto marginale è una componente della coscienza collettiva; e quanto insignificantemente minuto è il granello di polvere in cui vivete! Riflettendo su queste realtà, concludete che non c'è nulla di veramente grandioso, se non seguire le vostre inclinazioni intrinseche e tollerare tutto ciò che vi viene consegnato dall'universo condiviso.

33. Il nocciolo del controllo: come la Facoltà di governo utilizza se stessa

Come si utilizza la facoltà di governare? Questo è il nocciolo della questione. Tutto il resto, indipendentemente dal fatto che sia sotto il vostro controllo o meno, è solo detriti e fumi inerti.

34. Abbracciare l'immortalità: Trovare il disprezzo per la morte attraverso la riflessione

Questa riflessione è la più adatta per ispirarci al disprezzo verso la morte, poiché anche coloro che considerano il piacere una virtù e il dolore un vizio l'hanno comunque tenuta in scarsa considerazione.

35. L'essenza dell'uomo ideale: Razionalità, tempismo e indifferenza verso la morte

L'uomo ideale crede che la bontà debba arrivare al momento opportuno e non gli importa se compie più o meno azioni in linea con la razionalità. Inoltre, non gli importa se medita sul mondo per un periodo più o meno lungo. Una persona di questo tipo non vede la morte come un evento terribile.

36. Abbracciare il sipario: Perché accettare il ruolo della natura nella nostra partenza può portare la pace

Caro amico, sei un cittadino di questo grande mondo, e non importa se da tre o cinque anni. La giustizia è giusta per tutti coloro che rispettano le leggi. Se la natura, e non un sovrano o un giudice ingiusto, ti toglie da questo stato, perché dovresti lamentarti? È come se un attore venisse allontanato dal palcoscenico dal regista. Si può dire che non si sono completati i cinque atti, ma nella vita tre atti possono essere l'intero dramma. È la persona che ha composto e scioglierà il dramma a decidere cosa lo completa, non voi. Pertanto, non siete responsabili della vostra uscita di scena e potete lasciare questo mondo soddisfatti, così come sarà felice chi vi libererà.

GLOSSARIO

Questo glossario comprende tutti i nomi propri (tranne alcuni insignificanti o sconosciuti) e tutte le parole obsolete o oscure.

Adriano (76-138 d.C.), 14° imperatore romano.

Agrippa, M. Vipsanius (63-12 a.C.), illustre soldato sotto Augusto.

Alessandro Magno, re di Macedonia e conquistatore dell'Oriente, 356-323 a.C.

Antistene di Atene, fondatore dei Cinici e nemico di Platone, visse nel V secolo a.C.. Antonino Pio, invece, fu il 15° imperatore romano dal 138 al 161 d.C. e uno dei migliori sovrani che abbiano mai indossato una corona.

Apathia: l'ideale stoico era la calma in ogni circostanza, l'insensibilità al dolore e l'assenza di ogni esaltazione per il piacere o la fortuna.

Apelle, rinomato pittore dell'antichità.

Apollonio di Alessandria, detto Discolo, o il "malandrino", un grande grammatico.

Aposteme, tumore, escrescenza.

Archimede di Siracusa, 287-212 a.C., il più famoso matematico dell'antichità.

Athos, promontorio montuoso a nord del Mar Egeo.

Augusto, primo imperatore romano (31 a.C.-14 d.C.).

Evitare, annullare.

Bacchius: c'erano diverse persone con questo nome, e quello a cui ci si riferisce è forse il musicista.

Bruto (1) il liberatore del popolo romano dai suoi re e (2) l'assassino di Cesare. Entrambi i nomi erano parole familiari.

Cesare, Caio, Giulio, il dittatore e il conquistatore.

Caieta, città del Lazio.

Camillo, famoso dittatore agli albori della Repubblica romana.

Carnuntum, città sul Danubio nella Pannonia superiore.

Catone, detto di Utica, stoico che morì per mano sua dopo la battaglia di Thapsus, nel 46 a.C. Il suo nome era proverbiale per la virtù e il coraggio.

Cauteloso, prudente.

Cecrops, primo leggendario re di Atene.

Charax, forse lo storico sacerdotale di questo nome, di cui non si conosce la data, se non che deve essere posteriore a Nerone.

Chirurgo, chirurgo.

Crisippo, 280-207 a.C., filosofo stoico, fondatore dello stoicismo come filosofia sistematica.

Il Circo Massimo di Roma, luogo di spettacolo, dove quattro Factiones, o compagnie, si contendevano la supremazia. Ognuna si distingueva per il proprio colore: rosso, bianco, blu e verde. Sebbene la competizione fosse feroce, con molti scoppi di violenza, era un luogo di gioia e di festa. Dove le risate e gli applausi riecheggiavano sugli spalti, si creavano campioni e si formavano rivalità. Un luogo di grande spettacolo e un'arena di immensa rivalità.

Cithaeron, catena montuosa a nord dell'Attica.

Commedia antica; termine applicato alla commedia attica di Aristofane e del suo tempo, che criticava le persone e la politica, come un giornale comico moderno, come Punck. Vedi Nuova commedia.

Compendioso, breve.

Concezione, opinione.

Contentezza, appagamento.

Crates, filosofo cinico del IV secolo a.C.

Crœsus, re di Lidia, proverbiale per la ricchezza; regnò dal 560 al 546 a.C.

I Cinici, una scuola di filosofi guidata da Antistene, cercavano un ritorno allo stato di natura rifiutando tutte le rivendicazioni civili e sociali. I loro testi erano una versione ironica del socratismo, in cui la sola virtù era considerata buona e il vizio cattivo. Sebbene la loro missione fosse nobile, i loro modi erano spesso sgradevoli - una contraddizione che si manifesta ancora oggi nella società.

Demetrio di Falereo, oratore, statista, filosofo e poeta ateniese. Nato nel 345 a.C.

Democrito di Abdera (460-361 a.C.), celebrato come il "filosofo che ride", il cui pensiero costante era "Che sciocchi questi mortali". Inventò la teoria atomica.

Dio di Siracusa, discepolo di Platone e poi tiranno di Siracusa. Assassinato nel 353 a.C.

Diogene, il Cinico, nato intorno al 412 a.C., famoso per la sua maleducazione e la sua temerarietà.

Diogneto, pittore.

Fare a meno di, sopportare.

Dogmata, detti sintetici o regole filosofiche di vita.

Empedocle di Agrigentum, nato nel V secolo a.C., filosofo che per primo stabilì l'esistenza di "quattro elementi". Credeva nella trasmigrazione delle anime e nell'indistruttibilità della materia.

Epitteto, celebre filosofo stoico, era di origine frigia. Partito come schiavo, divenne in seguito un liberto, ma rimase zoppo, impoverito e comunque soddisfatto. I suoi discorsi furono successivamente raccolti e pubblicati nell'opera nota come Encheiridion, compilata da uno dei suoi allievi.

Epicurei, setta di filosofi fondata da Epicuro, che "combinò la fisica di Democrito", cioè la teoria atomica, "con l'etica di Aristippo". Si proponevano di vivere per la felicità, ma la parola non aveva in origine quel senso grossolano e volgare che presto assunse.

Epicuro di Samo, 342-270 a.C. Ad Atene, nei suoi giardini verdeggianti, condusse una vita urbana e benevola, anche se un po' improduttiva. Il suo carattere era semplice e temperato e non possedeva nessuno dei vizi o degli eccessi che in seguito sarebbero stati attribuiti alla scuola epicurea.

Eudosso di Cnido, famoso astronomo e medico del IV secolo a.C.

Fatale, destino.

Fortuito, casuale (agg.).

Fronto, M. Cornelius, retore e avvocato, nominato console nel 143 d.C. Si conservano diverse sue lettere a M. Aur. e ad altri.

Granua, un affluente del Danubio.

Helice, l'antica capitale dell'Acaia, inghiottita da un terremoto, 373 a.C.

Helvidius Priscus, genero di Thrasea Paetus, uomo nobile e amante della libertà. Fu bandito da Nerone e messo a morte da Vespasiano.

Eraclito di Efeso, vissuto nel VI secolo a.C. Scrisse di filosofia e scienze naturali.

Ercolano, vicino al Vesuvio, seppellito dall'eruzione del 79 d.C.

Ercole, dovrebbe essere Apollo. Vedi Muse.

Pausa, vuoto.

Ipparco di Bitinia, astronomo del II secolo a.C., "il vero padre dell'astronomia".

Ippocrate di Cos, 460-357 a.C. circa, uno dei medici più noti dell'antichità.

Idiota significa semplicemente colui che non è competente in nulla, il "profano", colui che non è stato tecnicamente addestrato in alcuna arte, mestiere o vocazione.

Leonnato, illustre generale sotto Alessandro Magno.

Lucilla, figlia di M. Aurelius e moglie di Verus, a cui sopravvisse.

Mæcenas, fidato consigliere di Augusto e munifico mecenate di ingegni e letterati.

Massimo, Claudio, filosofo stoico.

Menippo, filosofo cinico.

Meteores, ta metewrologika, "alta filosofia", usata specialmente per l'astronomia e la filosofia naturale, che erano legate ad altre speculazioni.

Commedia di mezzo, qualcosa a metà strada tra la Commedia Antica e la Commedia Nuova. Vedi Commedia antica e Commedia nuova.

Gli stoici distinguevano tre regni: il virtuoso, il vizioso e l'"indifferente". Tuttavia, gran parte di ciò che il mondo considera buono o cattivo, come la ricchezza o la povertà, essi lo consideravano "indifferente". Di queste cose, alcune dovevano essere perseguite, mentre altre dovevano essere rifiutate.

Muse, le nove divinità che presiedevano a vari tipi di poesia, musica, ecc. Il loro capo era Apollo, uno dei cui titoli è Musegetes, il capo delle Muse.

Nervi, corde.

Commedia nuova, la commedia attica di Menandro e della sua scuola, che non criticava le persone ma i modi, come un'opera comica moderna. Vedi Commedia antica.

Palestra, scuola di lotta.

Pancrazio, concorrente nel pancrazio, una gara combinata che comprendeva pugilato e lotta.

Parmularii, gladiatori armati di un piccolo scudo rotondo (parma).

Fidia, il più famoso scultore dell'antichità.

Filippo, fondatore della supremazia macedone e padre di Alessandro Magno.

Focione, generale e statista ateniese, uomo nobile e di alto lignaggio, IV secolo a.C. Fu chiamato da Demostene "il potatore dei miei periodi". Fu messo a morte dallo Stato nel 317, per un falso sospetto, e lasciò un messaggio al figlio "di non portare rancore agli Ateniesi".

Pino, tormento.

Platone di Atene, 429-347 a.C. Utilizzò il metodo dialettico inventato dal suo maestro Socrate. Era un poeta-filosofo, si dice, la cui Teoria delle Idee affermava che le cose erano ciò che erano in base alla loro partecipazione all'Idea eterna. Nel suo "Commonwealth" immaginava un mondo utopico, un luogo di perfezione e armonia.

Platonici, seguaci di Platone.

Pompei, vicino al Vesuvio, sepolta dall'eruzione del 79 d.C.

Pompeius, C. Pompeius Magnus, generale di grande successo alla fine della Repubblica romana (106-48 a.C.).

Prestidigitatore, giocoliere.

Pitagora di Samo, filosofo, scienziato e moralista del VI secolo a.C.

Quadi, una tribù della Germania meridionale. M. Aurelio portò avanti la guerra contro di loro e parte di questo libro fu scritto sul campo.

Rictus, bocca, mascelle.

Rusticus, Q. Junius, filosofo stoico, nominato due volte console da M. Aurelio.

Sacrario, santuario.

Salaminio, Leone di Salamina. I Trenta Tiranni ordinarono a Socrate di portarlo davanti a loro e Socrate, a suo rischio e pericolo, rifiutò.

Sarmatae, tribù che vive in Polonia.

Sceletum, scheletro.

Le profonde riflessioni di Pirro, antico filosofo greco vissuto quattro secoli prima della nascita di Cristo, sono state a lungo fonte di contemplazione e di indagine. I suoi insegnamenti sulla relatività della conoscenza e sull'impossibilità della prova hanno ispirato una scuola di pensiero nota come "scetticismo". Le sue parole, pur essendo state pronunciate millenni fa, rimangono attuali come lo erano nella sua terra natale. Anche l'agnosticismo condivide molti dei principi filosofici di Pirro, rendendo le due scuole di pensiero compagni naturali nella ricerca della conoscenza.

Scipione, il nome di due grandi soldati, P. Corn. Scipione Africano, conquistatore di Annibale, e P. Corn.

Mais. Sc. Afr. Minore, entrato nella famiglia per adozione, che distrusse Cartagine.

Secutoriani (parola coniata da C.), i Sececutores, gladiatori dalle armi leggere, che venivano contrapposti ad altri con rete e tridente.

Sesto di Cheronea, filosofo stoico, nipote di Plutarco.

Sciocco, semplice, comune.

Sinuessa, città del Lazio.

Socrate, filosofo ateniese (469-399 a.C.), fondatore del metodo dialettico. Messo a morte con un'accusa inventata dai suoi compatrioti.

Limitare, limitare (senza che ciò implichi negligenza).

Lo stile di vita stoico fu fondato da un saggio di nome Zenone nel IV secolo a.C. e fu poi sistematizzato da Crisippo nel III secolo. Gli stoici credevano che la materia fisica fosse l'essenza dell'universo e il loro obiettivo era vivere in accordo con la natura. L'uomo perfetto non aveva desideri; tutto ciò di cui aveva bisogno era la propria saggezza. La virtù era apprezzata e il vizio era disapprovato, anche se ritenevano che le cose esterne non avessero alcuna importanza.

Teofrasto, filosofo, allievo di Aristotele e suo successore come presidente del Liceo. Scrisse numerose opere di filosofia e storia naturale. Morto nel 287 a.C.

Thrasea, P. Thrasea Pactus, senatore e filosofo stoico, uomo nobile e coraggioso. Fu condannato a morte da Nerone.

Tiberio, secondo imperatore romano (14-31 d.C.). Trascorse l'ultima parte della sua vita a Capreae (Capri), al largo di Napoli, nel lusso o nella dissolutezza, trascurando i suoi doveri imperiali.

To-tornare, fare a pezzi.

Traiano, 13° imperatore romano, 52-117 d.C.

Verus, Lucio Aurelio, collega di M. Aurelio nell'Impero. Sposò Lucilla, figlia di M. A., e morì nel 169 d.C.

Vespasiano, 9° imperatore romano Xenocrate di Calcedonia, 396-314 a.C., filosofo e presidente dell'Accademia.

INDICE